데이터 기반 PR 기획

이 도서의 국립중앙도서관 출판예정도서목록(CIP)은 서지정보유통지원시스템 홈페이지(http://seoji.nl.go.kr)와 국가
자료종합목록시스템(http://www.nl.go.kr/kolisnet)에서 이용하실 수 있습니다. (CIP제어번호: CIP2019015642)

KADPR 지식총서 4

데이터 기반 PR 기획

최준혁
지음

한울
아카데미

추천사

'12척 대 330척'. 관람객 수 1700만 명을 넘긴 영화 〈명량〉을 보면 조선 선조 30년(1597년) 이순신 장군은 330척의 함대를 이끌고 쳐들어 온 왜군을 폭이 좁고, 해류의 이점을 극대화할 수 있는 울돌목으로 끌어들여 진도 앞바다에 수장시킨다. 명량대첩은 이순신 장군이 결전지인 울돌목에 보름간 머물며 지형을 탐색하고 평생 물질을 해온 어부들에게서 취합한 소용돌이 해류의 정보 데이터를 활용해 수립한 치밀한 전략의 결과인 것이다. 지금으로부터 420여 년 전, 절대 열세를 극복하고 세계 해전사에서 유례를 찾아보기 힘든 대승을 거둔 이 대첩은 이처럼 개인의 직관이 아닌 수집한 데이터를 바탕으로 한 전략기획에서 탄생했다.

인하우스와 PR기업을 막론하고 설득커뮤니케이션의 첨병에 서 있는 PR인에게 기획업무는 첫 단추를 제대로 끼우는 것처럼 너무나도 중요하며, 탄탄한 기획력은 내·외부의 타겟공중을 설득하는 기획서 작성에서 든든한 지렛대 역할을 해준다. 충분한 데이터에 기반을 둔 기획은 두말할 나위가 없겠다.

〈데이터 기반 PR기획〉은 이러한 측면에서 미세먼지로 뿌연 일상에서 파란 하늘을 보는 것과 같은 청량감을 준다. 더군다나 PR기획을 전문적으로 다룬 도서가 국내에 별로 없는 상황에서 최신 PR 트렌드를 반영한 데이터 기반 PR기획에 관한 책을 접하게 되어 가뭄 끝에 내리는 단비처럼 무척 반갑기까지 하다.

이 책을 읽다 보면 전반에 걸쳐 독자들의 편의에 초점을 맞추고 있다는 느낌을 강하게 받는다. 데이터를 활용해 탄탄하게 PR을 기획하는 데 필요한 A

부터 Z까지 망라하고 있으며, 2부와 3부에서 PR기획을 본격적으로 논의하기에 앞서 1부에서 PR의 정의와 영역, 패러다임의 변화 등을 다루면서 독자들의 이해를 돕고 있다. 또한 구글 검색을 위한 11가지 팁, 서베이몽키 활용법 등 how-to 부분까지 친절하게 설명해 주어 책의 흐름을 따라가다 보면 자신도 모르는 사이에 기획하는 '근육'이 단련되는 느낌이다.

또한 저자는 말로만 설명하는 데 머물지 않고 실제 활용되었던 사례를 다양하게 인용함으로써 통상적인 이론 중심의 서적을 접할 때 느끼던 딱딱함을 덜어 내고 몰입감을 더해준다.

저자의 친절함은 여기에서 그치지 않는다. 관련 문헌과 참고할 만한 웹사이트 등을 1, 2, 3부의 각 말미에 나열해 두어 추가적으로 학습을 원하는 독자들이 힘들게 관련 정보를 찾아다녀야 하는 수고를 덜어주고 있다. 또한 각 부에 〈PR Tip〉을 두고 용어의 개념이나 테마를 쉽게 정리해 주고 있다. 이런 점에서 이 책은 가히 최신 PR기획을 위한 간추린 백과사전 또는 정보의 보고(寶庫)라 할 만하다.

평소 PR기획에 대해 막연하게 어렵다고 생각하는 독자들도 저자가 냇가에 적정한 간격으로 놓아둔 징검다리를 하나씩 밟아가다 보면 어느새 자신감이 생기는 자신을 발견할 수 있을 것이라 믿는다.

전 세계적으로 PR의 영역이 점점 확장되어 가면서 PR산업은 성장세를 이어가고 있다. 국내에서도 민간영역은 물론 공공분야에서도 수요가 확대되고 있으며 대학에서도 PR에 관심이 있는 학생들이 늘어나면서 많은 예비 PR인을 배출하고 있다. 현업에 종사하는 사람으로서 기쁜 일이 아닐 수 없다.

이와 함께 첨단 테크놀로지를 바탕으로 디지털과 모바일 기술이 확대되면서 PR산업은 변화의 소용돌이에 직면하고 있다. PR과 마케팅, 광고의 경계를 구분하는 것은 더 이상 의미가 없을 정도이다. 또한 소셜미디어 등 다양한 채널의 등장으로 신문, 방송 등 레거시 미디어의 영향력이 약화되면서 미디어

환경도 급속히 재편되고 있다. 이제는 기존 미디어에 국한된 틀에서 벗어나 소셜미디어 등 다양한 채널에 콘텐츠 노출을 확대하는 한편 PR기업들이 강점을 지닌 전략적 기획력을 앞세워 고객을 위한 전반적인 비즈니스 솔루션을 제공하는 차원으로 발전하고 있다.

내가 몸담고 있는 PR기업의 경우에도 전통적인 PR업무에 더해 디자인, 영상제작, 디지털IMC, CSR, 콜라보레이션, 커뮤니케이션 효과분석 등으로 고객들의 수요가 확대되고 있으며, 인력구성도 PR AE 이외에 분야별로 특화된 디자이너, 영상PD, 이벤트 전문가, 전시기획자, 데이터분석가 등 다양한 이력의 전문가들이 고객을 위해 컨설팅 및 프로젝트의 실행을 담당하며 시너지 효과를 내고 있다.

PR의 영역 확대로 PR기업과 실무자들이 온라인 및 오프라인을 망라한 더 다양한 차원에서 CPR, MPR, CSR 등 각종 기획 프로그램을 고객들에게 제시할 기회가 늘어나고 있으며, 그에 따라 고객을 설득할 탄탄한 기획력은 더욱 중요해지고 있다. 이러한 측면에서 데이터를 기반으로 PR기획 전반을 체계적으로 다루고 있는 이 최신 도서는 현업에서 바로 PR 실무에 적용할 수 있는 일종의 매뉴얼 역할도 기대해 볼 만하다.

저자는 이 책에서 PR기획에 대한 충실한 인사이트를 제시하는 한편 PR업계를 향해 애정 어린 충고도 잊지 않았다. PR의 기능과 영역이 확대되고 있는 만큼 PR실무자들에게 더 많은 역량을 배양할 것을 당부하고 있다. PR실무자의 역량과 전문성에 의심이 들게 될 경우, 기업의 사회적 책임 활동 관련 업무는 마케팅 및 경영 컨설턴트의, 사원 관계는 인사 및 조직 컨설턴트의, 여러 집단 사이의 갈등 관리는 갈등 관리 및 협상 전문가의, 소송PR은 변호사의 몫이 된다는 것이다. 현업에 종사하는 PR인들이 깊이 새겨들을 만한 얘기이다.

데이터 기반의 커뮤니케이션 활동이 화두가 되고 있는 요즘, 이 책은 PR기획을 담당하는 실무자들뿐만 아니라 학문적 목적으로 기획에 관심을 두고 있는 이들에게도, 곁에 두고 참고할 만한 귀한 지침서가 될 것을 믿어 의심치 않는다.

창립 30주년을 맞은 PR전문기업
KPR 대표이사 신성인
(제16, 17, 18대 한국PR기업협회 회장 역임)

추천사

　　PR업계와 학계에서 실무와 연구를 균형 있게 경험한 저자의 이 책은 PR과 관련해 필수적인 요소를 정의부터 세부적인 기획에 이르기까지 총망라해 골고루 다루고 있다고 생각합니다. 특히 PR분야에서 과학적인 접근이 점차 확산되고 있고 이를 위한 필수 요소인 데이터의 중요성이 높아지는 시점에서 이 책은 학계와 업계에 큰 보탬이 될 것이라 확신합니다. 더 구체적으로 1부에서는 PR의 정의와 다양한 영역에 대해 커먼 그라운드(common ground)라는 관점에서 PR전문가에게나 PR에 아직 익숙하지 않은 사람 모두에게 적합한 지식을 제공하고 있습니다. 2부에서는 모두가 존재는 알고 있지만 한편으로 실체는 잘 알지 못하는 '데이터'에 대해서 PR이라는 관점에서 살펴볼 수 있는 기회를 제공합니다. 마지막으로 3부에서는 앞서 소개한 내용을 바탕으로 PR기획에 필요한 실질적인 문제해결 과정에 대해서 소개합니다. 이 책은 PR을 전공하는 연구자뿐만 아니라 실무에서 PR을 직접 수행하는 실무자, PR 관련 분야 종사자에 이르기까지 데이터에 기반을 둔 PR기획에 관한 이해를 높이게 되는 계기를 제공할 것으로 확신합니다. 데이터 하나하나를 우리에게 필요한 쌀이라고 비유한다면 이 책을 통해 수많은 데이터로 정말 맛있고 영양가 높은 밥을 지을 수 있는 법을 알게 될 것이라 믿습니다.

한국광고홍보학회 회장 고한준
(국민대학교 언론정보학부 광고홍보학 전공 교수)

머리말

　머리말을 참 오랜만에 써본다. 2008년에 쓴 〈실행이 탄탄해지는 PR기획〉이라는 PR기획에 관한 책에서 썼고 11년 만에 머리말을 쓴다. 너무 오래됐다. 빅데이터도, 페이스북도, 인스타그램도 생소했던 2008년에 쓴 책으로 2019년의 학생들을 가르치기가 너무 미안한 마음이 들어 PR기획에 관한 새로운 책을 쓰게 됐다. 미안함을 마음 한편에 쟁여두고도 이 책을 쓰게 된 이유들이 있다.

　책이 없다. 대학에서 PR을 전공하는 학생들이라면 반드시 수강해야 하는 교과목들이 있다. 'PR기획'이 바로 필수 교과목 중의 하나이다. 그런데 영어로 쓰인 책들을 제외하면 우리말로 쓰인 PR기획 도서가 별로 없다. 있더라도 필자가 쓴 2008년의 책처럼 최소 10년 전에 쓰인 책들이 대부분이다. PR이든, 광고든, 마케팅이든 기획의 첫 단계는 상황분석이다. 분석해야 할 '상황'은 하루가 다르게 변화하는데 '상황'을 분석해 전략, 전술, 메시지를 어떻게 기획해야 하는지를 가르쳐주는 책은 그런 변화를 담아내지 못하고 있다. 〈데이터 기반 PR기획〉은 '상황'의 변화를 적극적으로 담아내고 있다.

　데이터가 중요해졌다. 빅데이터, 스몰데이터, 인사이트 등의 단어는 특정 직업의 사람들에게만 익숙한 것이 아니라 불특정 다수의 사람들도 일상에서 사용한다. '데이터'가 국립국어원의 〈표준국어대사전〉에 등재되어 있음은 이 단어가 얼마나 자주 쓰이는지를 보여준다. 게다가 PR, 광고, 마케팅연구 또 이들 학문을 기반으로 하는 산업에서도 데이터를 활용해 현상을 분석하거나 특정 프로젝트를 기획하는 일이 잦아졌다. 데이터 기반 PR(data-driven PR), 데이터 기반 광고(data-driven advertising), 데이터 기반 마케팅(data-driven marketing) 등 데이터와 실무·관행의 직접적 연계성을 강조하는 새로운 영역의 등장과 확산은 데이터의 중요성을 증명한다. 그런데도 데이터를 어떻게 획득하고 획득한 데이터를 활용해 어떻게 PR기획을 하는지에 관한 체계적인 책이 별로 없다. 〈데이터 기반 PR기획〉은 데이터 중심 PR의 관점에서 PR기획의 처음과 끝을 이론적 근거와 다양한 사례를 활용해 제시한다.

일해본 사람을 뽑는다. 한국PR협회 홈페이지의 '구인'란에 올라온 2008년 1월의 게시물 100건과 2019년 1월의 게시물 100건을 비교하면 경력사원 선호라는 PR산업 인력 채용의 특징은 11년이 지나도 바뀌지 않았음을 알 수 있다. PR실무를 해보지 않은 사람을 뽑아서 일일이 가르치는 것보다는 현업에 곧바로 투입해 특정한 성과를 거둘 수 있는 사람을 PR업계는 선호한다. 경력사원 선호는 PR업계뿐만 아니라 광고 및 마케팅 관련 산업에서도 동일하게 발견되는 현상이다. 경력사원은 경력이 일천한 사람보다 실패와 오류를 범할 가능성이 낮을 것이라는 전제가 이런 현상을 만든다. PR, 특히 PR기획의 모든 과정을 데이터를 기반으로 결정할 때 실패와 오류의 가능성은 확연히 줄어든다. PR, 광고, 마케팅기획에서 활용하는 데이터는 궁극적으로 공중 혹은 타겟에 관한 데이터이다. 특정 대상(조직, 브랜드, 제품, 서비스, 정책 등)에 대한 공중의 인식, 태도, 행동의도를 정확히 파악하고 있다면 무엇을 기획하고 무엇을 실행해야만 공중을 변화시킬 수 있는지 알 수 있다. 공중에 관한 데이터를 기반으로 하는 기획은 실패할 확률이 낮다. 즉, 실무의 경험이 없더라도 데이터를 어떻게 수집하고 그 데이터를 기획에 어떻게 활용할 수 있는지를 아는 사람은 경력사원 선호라는 장벽을 극복할 수 있다. 〈데이터 기반 PR기획〉은 PR, 광고, 마케팅 관련 업무를 하고자 하는 대학생들에게 '사다리'와 같은 역할을 수행한다.

이제 이 책의 특징을 살펴보고자 한다. 첫째, 〈데이터 기반 PR기획〉은 대학에서 PR을 전공하는 학생들과 관련 업계에 갓 진출한 실무자들을 대상으로 한다. 그렇다 보니 PR실무 경력이 오래된 사람들에게는 '이렇게 당연한 것까지 왜 설명하지?'라는 불만을 살 것 같다. 이 책을 읽었으면 하는 독자들이 PR기획의 모든 과정을 좀 더 쉽게 이해했으면 하는 나의 바람 탓이다.

둘째, 세 부문으로 이루어진 〈데이터 기반 PR기획〉은 부문별로 주제와 활용 목적이 다르다. 즉, '1부 PR기획을 위한 커먼 그라운드'는 PR을 처음 공부하는 사람들에게 적합한 주제들을 담고 있으며, '2부 데이터의 유형과 확보방안'은 PR연구방법론에 관한 내용들이고, '3부 데이터 기반 PR기획'은 기획서를 작성할 때 필요한 실질적이고 구체적인 테크닉들을 보여준다. 길지 않은 원고에 다양한 주제를 담아내다 보니 어떤 부분은 설명이 부족할 듯하다. PR교육에 필요한 여러 교과목의 내용을 한 권에 담아내고자 하는 욕심 탓이다.

셋째, 책의 제목에는 'PR'만 썼지만 본문을 읽다 보면 'PR·광고·마케팅'을 크게 구분하지 않고 있음을 발견할 것이다. 필자는 이들 세 학문 혹은 실무 영역 간에는 서로 다른 부분보다는 공유할 수 있는 부분들이 더 많다고 생각한다. 1부에서 인용했지만 코틀러와 켈러(Kotler & Keller)도 나와 비슷한 생각을 하는 듯하다. 그래서 이 책은 PR기획을 하려는 사람에게도, 광고기획을 하려는 사람에게도, 마케팅기획을 하려는 사람에게도 크게 낯설지 않을 듯하다. 세 학문 혹은 실무 영역의 융합을 과감하게 시도하는 관행에 우호적인 나의 지향 탓이다.

이 책의 출간 과정에 함께 해주신 분들에게 고마움을 전한다. 같은 곳에 살고 같은 일을 하며 같은 고민을 하는 안보섭 교수님(숙명여자대학교), 정원준 교수님(수원대학교), 한광석 교수님(남서울대학교), 그리고 최홍림 교수님(선문대학교)이 이 책의 처음과 끝을 함께 했다. 특히 장소와 때를 가리지 않은 이 네 분들과의 치열한 토론은 원고에 긍정적인 긴장감을 불러일으켜 줬다. 또 원고를 함께 읽으면서 부족한 부분을 꼼꼼하게 지적해 주신 장택원 교수님(대구가톨릭대학교)과 유선욱 교수님(한경대학교)도 원고의 품질관리에 많은 도움을 주셨다.

이 책의 집필에 재정적 도움을 주셨을 뿐만 아니라 유익한 사례를 공유해 주신 한재방 대표님(메타커뮤니케이션즈)과 한국저작권위원회 관계자분, 원고의 가치를 뛰어넘는 추천사를 써주셨을 뿐만 아니라 PR을 하는 사람은 어떠해야 하는지를 항상 일깨워 주시는 신성인 대표이사님(KPR), PR실무에 요구되는 것이 무엇인지를 끊임없이 상기시켜 주신 우종무 박사님(레인보우커뮤니케이션), 쉽게 구할 수 없는 기업PR 사례를 흔쾌히 공유해 주신 김석 소장님(프레인연구소)과 모나미 관계자분, 공공기관의 PR사례도 재밌음을 알려주신 이성용 대표님(유브레인커뮤니케이션즈)과 보건복지부 관계자분, 소셜데이터 이용패턴에 관한 빅데이터 분석자료를 선뜻 내주신 강은실 팀장님(시지온), PR기획의 중요성과 가치를 몸소 보여주신 이지원 대표님(PR엔)과 유영석 대표님(레인보우커뮤니케이션)은 이 책의 숨은 필진들이다.

이 책이 한국광고홍보학회의 '지식총서'로 선정되고 발간되는 지루한 과정을 묵묵히 기다려주시고, 항상 격려해 주신 한국광고홍보학회의 전 회장님이신 이명천 교수님(중앙대학교), 한은경 교수님(성균관대학교), 문철수 교수님(한신대학교), 유종숙 교수님(숙명여자대학교), 이수범 교수님(인천대학교), 조재현 교수님(대진대학교), 이종민 교수님(국민대학교), 한규훈 교수님(숙명여자대학교), 박종민 교수님(경희대학교)에게 감사의 마음을 전한다. 이 책의 모자람과 부족함을 추천사로 메꾸어주신 고한준 현 회장님(국민대학교)에게도 고마움을 전한다.

마지막으로 출간의 기쁨을 가족과 나눈다. 선친, 어머니, 아들 그리고 아내의 덕이다.

2019년 5월

최준혁

Contents

PR기획을 위한
커먼 그라운드

Data-driven Public Relations Planning

1부는 PR의 정의와 PR의 다양한 영역을 설명한다. 이 책의 2부와 3부에서 본격적으로 제시하는 PR기획에 관한 논의를 명확하게 이해하기 위해서는 PR에 관한 기본적인 이해가 뒷받침되어야 한다. PR을 신문이나 방송에 보도자료를 제공하는 활동 정도로만 이해하면 PR기획의 범위가 매우 협소해진다. 또 이 책을 읽는 독자와 필자 사이에 PR에 관한 커먼 그라운드(common ground)가 존재할 때, 독자들이 이 책의 내용을 더욱 쉽게 이해할 수 있다. 커먼 그라운드는 커뮤니케이션학과 심리학 연구에서 활용되는 개념으로 화자와 청자 간에 공유되는 지식, 신념, 가치관, 세계관 등을 의미한다. 1부는 PR기획을 위한 PR에 관한 커먼 그라운드를 확장하는 내용이다.

1장 PR의 정의와 PR영역의 확대

1. PR의 정의

여러 학자와 조직에서 PR(public relations)에 관한 다양한 정의를 제시하고 있지만, 브룸과 샤(Broom & Sha, 2013)의 정의, 미국PR협회(PRSA: Public Relations Society of America)가 2012년에 내린 정의만 살펴봐도 PR이 무엇인지를 이해하는 데는 부족함이 없다. 우선 브룸과 샤는 "PR은 조직과 그 조직의 성공이나 실패를 좌우하는 공중 간의 관계를 상호 호혜적으로 만들고 유지하는 경영의 기능이다"라고 정의 내린다(p. 5). 브룸과 샤의 정의에서 눈여겨봐야 할 중요한 개념 2가지는 '공중'과 '경영'이다.

공중(publics)은 조직의 성공이나 실패를 좌우하는 개인이나 집단을 의미한다(Lattimore, Baskin, Heiman, & Toth, 2012). 공중의 정의를 이해하는 것 못지않게 중요한 것이 공중의 다양성이다. PR을 신문이나 방송에 보도자료를

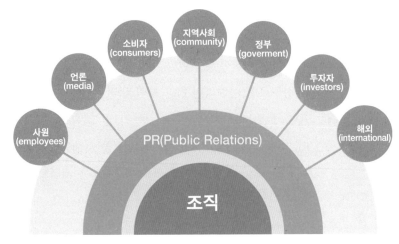

소비자
(consumers)

지역사회
(community)

정부
(goverment)

언론
(media)

투자자
(investors)

사원
(employees)

PR(Public Relations)

해외
(international)

조직

● 그림 1-1. PR의 다양한 공중

제공하는 활동으로만 이해하면 PR의 공중으로 언론(media)만 떠올릴 것이다. 그러나 PR에서 말하는 공중은 언론뿐만 아니라 훨씬 더 다양한 개인이나 집단을 포괄한다.

〈그림 1-1〉에서 보는 것처럼 조직에 영향을 미칠 수 있는 공중은 언론뿐만 아니라 사원, 소비자, 지역사회, 정부, 투자자, 해외 공중까지 매우 다양하다. 이들 중 정부가 민간기업의 공중인 이유를 간략히 살펴봄으로써 공중의 다양성을 강조하고자 한다. 방송통신위원회가 휴대전화 보조금 과당 경쟁에 따른 제재의 일환으로 국내 이동통신 3사 중 2개 회사에 영업정지 명령을 내리는 경우를 생각해 보자. A사와 B사는 한 달간 영업정지를 당해 신규 가입자 모집을 할 수 없으며 나머지 C사는 이 기간 동안 신규 가입자를 모집할 수 있다고 가정해 보자. 방송통신위원회의 규제는 이들 이동통신 3사의 매출, 브랜드자산, 기업이미지 등에 직접적인 영향을 미침을 쉽게 짐작할 수 있다. 따라서 이동통신 3사에 정부기관인 방송통신위원회는 중요한 공중이다. 공중의 다양성을 이해할 때, PR의 영역이 왜 다양하며 확장되고 있는지를 이해할 수 있으

며, 궁극적으로는 무엇을, 또 누구를 대상으로 PR을 기획해야 하는지를 이해할 수 있다.

브룸과 샤의 PR 정의에서 또 하나 주목해야 할 개념은 '경영'이다. 아주 단순하게 이야기하자면 브룸과 샤는 PR을 경영의 기능이라고 정의 내린다. 로빈스와 코울터(Robbins & Coulter, 2016)는 경영을 "다른 사람들의 업무와 행위가 효과적이며 효율적으로 완성될 수 있도록 이들의 업무와 행위를 조정하고 감독하는 활동"이라고 정의 내리며(p. 6), 경영은 기획(planning), 조직화(organizing), 지휘(leading), 통제(controlling)의 역할을 수행한다고 설명한다. 로빈스와 코울터의 경영의 정의와 기능을 PR에 적용하면 조직(민간기업, 공공기관, 시민단체 등) 내의 PR담당 부서는 PR부서 자체의 업무뿐만 아니라 조직 내의 여러 부서의 업무까지도 이해해야 하며, 조직 내 여러 부서 간의 갈등과 마찰이 없도록 사전적으로 혹은 사후적으로 관리함으로써 조직 전반의 업무 효율성을 제고하는 데 기여해야 함을 의미한다. 따라서 PR기획의 주체가 PR담당 부서로만 한정되어서는 안 되며 PR기획에 필요한 자원은 PR부서뿐만 아니라 조직의 다양한 부서로부터 확보하는, 이른바 '전사적 PR기획'이 되어야 함을 알아야 한다.

두 번째, 미국PR협회의 정의를 살펴보자. 미국PR협회는 "조직과 공중 간에 상호 호혜적인 관계를 구축하는 전략적 커뮤니케이션 과정"으로 PR을 설명한다. 브룸과 샤의 PR 정의와 유사한데 살펴본 두 정의가 공통적으로 중요시하는 개념이 있다. 바로 '상호 호혜적 관계(mutually beneficial relationships)'이다. PR의 궁극적 지향은 조직이 공중과 상호 호혜적 관계를 맺는 것이다. 우리 기업에만 일방적으로 유리함으로써 소비자에게는 불리한 관계, 혹은 소비자의 이익만을 극대화함으로써 이윤 창출이라는 기업 본연의 목적을 망각하는 관계가 아니다. 조직과 조직의 성공이나 실패를 좌우하는 개인이나 집단이 모두 긍정적이며 유익한 관계를 맺도록 하는 것이 PR이다. PR기획 시에도

PR의 궁극적 지향이 반드시 반영되어야 한다. 현혹적이며 비윤리적인 PR기획은 조직에 재무적 혹은 비재무적 이익을 아주 잠시 가져다줄 수 있지만, 장기적으로는 조직의 지속가능한 성장과 발전을 가져다줄 수 없을 뿐만 아니라 결과적으로는 조직의 쇠망을 초래하기 때문이다.

브룸과 샤, 미국PR협회의 PR의 정의를 살펴봤다. 필자는 이들의 정의를 바탕으로 PR을 '조직에 영향을 미칠 수 있는 공중과의 관계를 상호 호혜적으로 관리함으로써 조직의 문제를 해결하는 과정'으로 정의 내린다. PR적 관점에서는 조직에 발생하는 문제의 근원을 조직에 영향을 미치는 공중과의 관계에서 찾는다.

예를 들어 기업의 매출 하락이라는 문제가 발생했을 때 직무별로 문제를 바라보는 시각이 다르다. 엔지니어링부서 실무자들은 '우리 회사의 설비나 납품받는 기자재에 무슨 문제가 있는가?'라고 생각할 것이고 재무 및 회계부서 실무자들은 '우리 회사의 회계 관행에 어떤 문제가 있는가?'를 고민할 것이다. 그렇지만 PR실무자들은 기업의 매출 하락이라는 문제에 봉착했을 때, '우리 회사와 소비자와의 관계에 무슨 문제가 있나, 혹은 우리 회사와 언론과의 관계에서 무슨 문제가 있나?'를 떠올릴 수 있어야 한다.

새롭게 제시하는 이 정의는 PR실무자의 역할까지 명확하게 제시한다. 보도 자료 작성과 배포로 역할을 한정해서는 안 되며 조직 전반의 문제해결이 PR 실무자에게 주어진 역할이어야 함을 의미한다. PR실무자는 경영진을 포함한 조직의 모든 구성원이 조직을 둘러싼 여론이나 조직의 문제를 인식하게끔 지원해야 하며, 문제의 해결을 위한 전사적 자원 관리의 중심에 서야 한다. 이를 위해 문제를 예견하는 조기 경보시스템(early warning systems)의 역할을 하고 궁극적으로 문제해결자(problem-solver)가 되어야 한다. 〈표 1-1〉은 필자의 정의를 포함해 지금까지 살펴본 여러 정의를 다시 한번 제시한다.

한편 PR과 유사한 혹은 PR을 논의하다 보면 자주 언급되는 개념도 살펴보

학자 및 기관	정의
브룸과 샤 (2013)	조직과 그 조직의 성공이나 실패를 좌우하는 공중 간의 관계를 상호 호혜적으로 만들고 유지하는 경영의 기능
미국PR협회 (2012)	조직과 공중 간에 상호 호혜적인 관계를 구축하는 전략적 커뮤니케이션 과정
최준혁	조직에 영향을 미칠 수 있는 공중과의 관계를 상호 호혜적으로 관리함으로써 조직의 문제를 해결하는 과정

자. 우선 '홍보'이다. 강의실에서뿐만 아니라 PR현업에 종사하는 분들에게도 PR과 홍보는 같은 것인가, 다른 것인가 라는 질문을 자주 받는다. 결론부터 말하자면 PR을 홍보와 같은 것으로 간주하고 혼용하자는 것이 필자의 생각이다. PR과 홍보의 명칭 단일화 혹은 구분에 대해 국내 PR학계는 지속해서 논의하고 있지만, 아직까지 명확한 정립을 못 하고 있다. PR과 홍보 중 어떤 개념을 사용해야 하는지가 정리되지 않았음은 학회와 학회에서 펴내는 학술지의 명칭을 봐도 알 수 있다. 〈그림 1-2〉에서 알 수 있듯이, 국내의 PR학자들이 모여 PR을 연구하는 학회의 이름은 '한국PR학회'이지만, 이 학회에서 펴내는 학술지의 이름은 〈홍보학연구〉이다. 또 국내 PR 및 광고학자들의 대표적 학회인 한국광고홍보학회는 학회명과 학술지 모두에서 '홍보'를 쓰고 있다(〈그림 1-3〉 참조). 따라서 PR과 홍보를 구분하지 말고 당분간은 혼용하는 것이 적절하다.

1997년부터 2012년까지 〈홍보학연구〉에 게재된 모든 논문의 제목을 5년 단위로 구분해서 홍보와 PR이 사용된 빈도를 분석한 김수연·최명일(2013)에 따르면, 1997~2001년은 'PR'이 32회 및 '홍보'는 23회, 2002~2006년은 'PR'이 36회 및 '홍보'는 15회, 2007~2012년은 'PR'이 25회 및 '홍보'는 7회 등인 것으로 나타나 최근으로 올수록 'PR'이 '홍보'보다는 현저히 더 사용됨을 알 수 있다. 이

사단법인 한국PR학회
KOREAN ACADEMIC SOCIETY FOR PUBLIC RELATIONS

● 그림 1-2. 한국PR학회의 로고

KADPR 한국광고홍보학회
KOREAN ASSOCIATION OF ADVERTISING AND PUBLIC RELATIONS

● 그림 1-3. 한국광고홍보학회의 로고

런 경향에 맞춰 이 책에서는 '홍보'보다는 'PR'을 주로 사용한다.

PR과 간혹 함께 쓰이는 개념으로 '선전(propaganda)'이 있다. 최윤희(2008)는 PR과 선전을 명확하게 구분한다. 선전은 의미 있는 기호나 상징을 조작해 대중의 태도에 영향을 미치는 기술이다. 선전은 주로 종교단체, 자선단체, 정치단체가 그들의 주장이나 이념을 목표집단에 심기 위해 널리 사용한다. 선전은 설득적 커뮤니케이션이라는 시각에서 볼 때 PR과 공통점을 지니지만, 선전은 수단과 방법을 가리지 않고 정보를 유포해 여론을 조작한다는 점에서 PR과 구별된다. 선전이 여론에 영향을 준다는 데서 PR과 공통점을 지니고는 있으나 선전 주체 측에게 유리한 정보만을 제공하는 일방성이 짙은 반면, PR은 우호적인 공중과의 관계 형성을 위해 양측이 서로 정보의 교환을 강조한다는 점에서 명확히 다르다.

마지막으로 마케팅을 살펴보자. 코틀러와 켈러(Kotler & Keller, 2016)는 마케팅을 인간과 사회의 니즈(needs)를 파악하고 충족하는 행위로 설명하면서 더 짧게는 "수익을 내며 니즈를 충족시키는 것(meeting needs profitably)"으로 정의 내린다(p. 5). 마케팅 과정에서 마케팅을 하는 조직(민간기업, 공공기관, 시민단체 등)은 재무적 혹은 비재무적 수익을 창출하며, 제품이나 서비스를

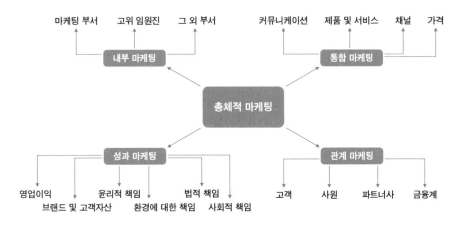

● 그림 1-4. 총체적 마케팅의 차원

자료: Kotler & Keller (2016), p. 22.

구매하는 소비자는 자신의 니즈를 충족시킨다는 교환적 관계를 강조하는 정의이다. 이 정의에서 간과해서는 안 되는 점은 마케팅에서도 '관계'를 중시한다는 것이다. 앞서 살펴본 PR의 여러 정의에서 공통적으로 제시되는 것이 조직과 공중 간의 관계였는데, 마케팅 역시 관계를 주목하고 있음을 알 수 있다.

마케팅 철학의 변천을 살펴보면 최근의 마케팅 관행에서는 관계에 더 많은 가치를 두고 있음을 알 수 있다. 코틀러와 켈러(2016)는 마케팅철학이 생산개념(production concept), 제품개념(product concept), 판매개념(selling concept), 마케팅개념(marketing concept), 총체적 마케팅개념(holistic marketing concept)의 순으로 진화되고 있다고 설명한다. 〈그림 1-4〉에서 보는 것처럼 가장 진화된 철학인 총체적 마케팅개념은 관계 마케팅, 내부 마케팅, 통합 마케팅, 성과 마케팅 등의 요소로 구성된다.

여러 마케팅철학 중에서 가장 진화된 철학인 총체적 마케팅은 여러 면에서 PR과 맞닿아 있다. 특히 관계 마케팅 요소는 다양한 공중과의 관계 관리를 지향하는 PR의 정의와 정확히 일치한다. 또 경영의 기능으로서의 PR은 PR부서뿐만 아니라 조직 내의 모든 부서가 PR을 담당하는, 이른바 전사적 PR관리를 통해 조직의 문제해결을 지향한다는 점에서 내부 마케팅의 취지와도 부합한다. 성과 마케팅의 하위 차원들 중 윤리적 책임, 환경에 대한 책임, 법적 책임, 사회적 책임은 PR의 주요 영역인 기업의 사회적 책임(CSR: corporate social responsibility)과 공유가치창출(CSV: creating shared values)로 설명 가능하다. 총체적 마케팅의 마지막 구성요소인 통합 마케팅은 다양한 채널과 미디어를 활용해 제품 및 서비스에 관한 메시지를 타겟에게 제공하는 커뮤니케이션인 마케팅PR(MPR: marketing public relations)의 지향과 다르지 않다.

총체적 마케팅철학은 PR의 근본적 지향과 상당히 유사함을 알 수 있다. 이런 유사함은 PR과 마케팅의 융합으로 나타나는데 그 융합이 구체화된 영역이 앞서 언급한 마케팅PR, 즉 MPR이다. 코틀러와 켈러(2016)는 대중을 상대로 하는 광고의 영향력이 감소하면서 신제품 혹은 기존 제품의 브랜드인지도 및 브랜드지식을 확장하는 데 PR을 채택하는 기업이 증가한다면서 마케팅과 PR의 융합을 설명한다.

지금까지 PR의 정의를 비롯해 여러 관련 있는 개념을 살펴봤다. 정리하자면 PR은 조직의 문제를 해결하는 과정이다. PR에서 말하는 문제는 조직의 성공이나 실패에 영향을 미치는 개인이나 집단, 즉 공중과의 관계에서 발생하며, 따라서 문제의 해결은 공중과의 관계를 관리함으로써 가능하다.

2. PR의 패러다임 변화와 PR영역의 확장

PR은 다양한 영역에서 다양한 기능을 수행한다. PR의 영역이 확장되고 있는 것은 PR의 패러다임 변화로 설명할 수 있다. 1990년대의 PR은 그야말로 신문과 지상파방송에 기사를 싣는 것을 가장 중요한 가치로 간주했다. 3대 중앙일간지에 기사를 실을 수 있는지의 여부는 PR실무자의 역량을 판단하는 기준이었다. 이와 같은 분위기는 PR의 다양한 영역 중 하나인 언론관계(media relations)의 영역을 지나치게 강조하는 현상을 낳았다. 언론은 '도구적 공중(instrumental public)'인데도 마치 그 자체가 'PR의 목적'으로 간주되었다. 소비자, 지역사회, 사원과 같은 궁극적 공중(ultimate publics)과의 관계를 관리하는 데 활용되는 도구인 언론이 그 자체로 가장 중요한 공중으로 간주되곤 했다.

그러나 최근의 매체 환경의 급격한 변화는 지상파방송과 유력 신문에 보도자료를 내보내는 일에만 매달리는 것을 허용치 않는다. 즉, 신문과 지상파방송을 보는 시간이 점점 줄어들고 있으며, 이들 매체의 영향력 또한 감소하고 있는 실정에서 이들 매체를 관리하는 것만으로는 PR을 충분히 수행한다고 말할 수 없다. 한국방송광고진흥공사가 매년 펴내는 〈소비자행태조사 보고서〉의 최근 7년간 주요 매체의 하루 평균 이용 시간 분석은 지상파방송 시청 시간의 축소 현상과 신문 열독률 하락 현상을 명확히 보여준다.

소비자들의 매체 이용 시간을 보여주는 〈표 1-2〉에서 두드러지는 또 다른 특징은 잡지의 이용 시간 분석은 2011년부터는 더 이상 집계하지 않으며, 대신 모바일인터넷 이용 시간 분석이 2013년부터 새롭게 추가되었다는 것이다. 지상파방송뿐만 아니라 신문, 잡지와 같은 레거시 미디어(legacy media)의 이용 시간 감소, 인터넷과 모바일인터넷의 이용 시간 증가는 결국, 조직이 전통적 매체를 건너뛰어 공중과의 관계 형성 및 관리를 직접 실행하는(bypassing the mass media) 시대가 되었음을 의미한다(Lerbinger, 2005). 소셜미디어 사용자의 폭발적 증가 및 영향력 확대는 전통적 매체에 의존하지 않고도 궁극적 공중과의 관계 관리를 가능하게 한다.

이와 같은 매체 이용행태의 변화는 PR의 영역과 기능도 변화해야 함을 보여준다. 이제 지상파방송과 신문에 기사 싣는 것만을 목적으로 하는 언론홍보 위주의 시대는 점차 저물고 있으며, 이들 매체를 '도구적 공중'으로 활용할

매체	연도							
	2011년	2012년	2013년	2014년	2015년	2016년	2017년	2018년
지상파방송	163.3분	154.0분	139.0분	143분	128분	139분	113분	111분
라디오	79.1분	28분	22분	19분	25분	19분	17분	14분
신문	29.8분	13분	9분	8분	7분	5분	4분	4분
잡지	·	·	·	·	·	·	·	·
케이블채널	95.0분	70분	60분	59분	64분	60분	54분	52분
종편채널							59분	61분
위성방송	92.6분	7분	4분	3분	8분	·	·	·
DMB	32.7분	8분	8분	6분	6분	7분	6분	3분
IPTV	76.2분	7분	8분	18분	25분	·	·	·
PC인터넷	98.8분	79분	68분	65분	66분	54분	48분	41분
모바일인터넷	·	·	54분	60분	87분	95분	73분	80분

자료: 한국방송광고진흥공사 (2012; 2013; 2014; 2015; 2016; 2017; 2018).

뿐만 아니라 인터넷, 모바일인터넷, 소셜미디어 등의 새로운 매체까지도 활용해 다양한 공중과의 관계를 모두 관리하는 '공중관리' 개념으로서의 PR이 필요함을 의미한다. 즉, '커뮤니케이션관리 패러다임'에서 '공중관리 패러다임'으로의 진입을 의미한다. 공중관리 기능으로서의 PR은 다양한 매체와 집단을 활용해 조직의 성공과 실패를 결정하는 여러 공중과의 관계를 관리하는 것으로서 PR의 본질이기도 하다. 공중관리 기능으로서의 PR은 필연적으로 PR영역 및 기능의 확대를 수반하는데 USC Center for Public Relations가 매년 펴내는 〈글로벌 커뮤니케이션 리포트(*Global Communication Report*)〉의 PR실무자 1001명을 대상으로 한 2018년도 서베이 결과는 PR영역 및 기능의 확대를

역량 및 업무	응답률	역량 및 업무	응답률
전략적 기획	89%	구두 커뮤니케이션	75%
리더십	84%	사원커뮤니케이션	68%
문서화된 커뮤니케이션	84%	리서치	67%
소셜미디어	83%	비즈니스 이해력	66%
멀티미디어 콘텐츠 개발	79%	언론관계	63%
데이터 및 분석	78%	영향력자 마케팅	62%
위기관리	77%	윤리 카운슬링	52%

자료: USC Center for Public Relations (2018).

증명한다.

〈표 1-3〉은 PR실무자들에게 조직의 성공을 위해 PR실무자에게 요구되는 역량이나 업무를 모두 응답하게 한 후, 응답자의 50% 이상이 응답한 업무만을 보여준다. 언론뿐만 아니라 임원, 사원, 소셜미디어 및 웹의 영향력자, 소비자도 PR실무자가 관리해야 하는 공중이라는 것은 관계를 관리해야 하는 공중의 확대를 의미한다. 또 언론관계뿐만 아니라 위기관리, 소셜미디어 관리, 멀티미디어 콘텐츠 개발, 데이터 개발 및 분석(기업의 커뮤니케이션효과 측정)도 PR실무자에게 요구되는 업무임을 알 수 있다. 다시 말해서 '커뮤니케이션관리 패러다임'을 벗어나 이제 PR은 '공중관리 패러다임'으로 진입했음을 알 수 있다.

한편 PR의 기능과 영역이 확대되고 있는 지금, 그 확대된 영역에서 발생하는 이익(금전적 이익이든 PR실무자의 위상 상승이든)을 온전히 PR실무자의 몫으로 돌리기 위해서는 PR실무자에게 더 많은 역량과 전문성이 요구된다. PR실무자의 역량과 전문성에 의심이 가게 될 경우, (합법적 영역에서의) 로비

업무는 정치 컨설턴트의, 기업의 사회적 책임이나 공유가치창출 관련 업무는 마케팅 및 경영 컨설턴트의, 사원 관계는 인사 및 조직 컨설턴트의, 여러 집단 사이의 갈등 관리는 갈등 관리 및 협상 전문가의, 소송PR[1]은 변호사의 몫이 된다. 이들 경쟁업종의 PR영역 진출은 실제로 일어나고 있는 현상이다.

PR실무자의 역량과 전문성은 PR실무자의 말과 글로 평가받는다. PR실무자의 말과 글이 곧 PR기획이다. 공허한 기획, 비합리적인 기획, 과학적 근거를 기반으로 하지 않는 기획, 현실을 반영하지 못하고 미래를 예측하지 못하는 기획이 관행화된다면, 확대되는 PR영역으로부터 발생하는 과실을 다른 분야의 전문가에게 고스란히 빼앗기게 된다. 또 PR실무자 스스로 PR의 영역과 기능이 다양해짐을 주도적으로 인식할 때, PR기획을 좀 더 통합적이며 포괄적으로 할 수 있다.

1 litigation public relations 혹은 litigation communication은 소송 결과에 영향을 미치기 위해서 혹은 소송이 의뢰인의 명성에 미치는 영향을 조절하기 위해서 법적 분쟁이나 재결절차(사실적 분쟁을 해결하는 절차)가 진행되는 동안 커뮤니케이션 과정을 관리하는 활동을 말한다(Haggerty, 2003).

2장 문제에 관한 구조적 이해

1장에서 필자는 PR을 조직의 문제해결 과정으로 정의했다. 필자뿐만 아니라 다수의 PR학자들은 PR의 핵심 기능으로 조직의 문제해결을 제시하고 있으며, PR실무자는 문제해결자가 되어야 한다고 역설한다. 따라서 PR의 첫 시작은 문제를 규명하는 것에서부터 시작해야 하고 PR에서 논의되는 문제란 무엇인지를 정확히 이해하는 것이 필요하다.

문제(problems)란 조직의 지속가능한 성장을 위해 해결해야만 하는 것들로 해결하지 않으면 장·단기적으로 손실을 가져다주는 부정적인 문제뿐만 아니라 조직을 더욱 발전시킬 수 있는 긍정적인 기회까지 모두 포괄한다(최준혁, 2014). 앞서 예를 든 방송통신위원회가 휴대전화 보조금 과당 경쟁에 따른 제재의 일환으로 국내 이동통신 3사 중 2개 회사에 영업정지 명령을 내린 경우를 다시 생각해 보자. A사와 B사는 한 달간 영업정지를 당해 신규 가입자 모집을 할 수 없으며 나머지 C사는 이 기간 동안 신규 가입자를 모집할 수 있다고 가정해 보자. 이 경우 이동통신 3사의 문제는 정부기관이라는 공중과의 관계에서 발생한 문제라 할 수 있다. 방송통신위원회의 영업정지 명령은 A사와 B사에는 부정적 문제인 반면, C사에는 긍정적인 기회이다. A사와 B사는 부정적 문제해결을 위한 PR기획을, C사는 긍정적 기회를 구체화하기 위한 PR기획을 해야 한다.

문제를 좀 더 명확하게 이해하기 위해서는 〈그림 1-5〉와 같이 문제를 결과와 원인의 구조로 파악해야 한다.

어느 광역자치단체가 기초생활수급자를 지원하기 위한 정책, 이른바 "행복이 있는 삶"이라는 정책을 집행한다고 가정해 보자. 이 광역자치단체는 중앙부처인 보건복지부의 기초생활수급자 지원 제도를 입체적으로 보완함으로써 기초생활수급자의 삶의 질을 개선하는 정책을 적극적으로 실행하려 한다. 자

● 그림 1-5. 문제의 구조

치단체의 의욕적 추진에도 '행복이 있는 삶'의 수급자 수는 정체(停滯)하는 문제가 발생했다. 이 자치단체의 PR 및 관련 부서 담당자는 '행복이 있는 삶'의 수급자 수 정체라는 '문제'를 해결하기 위해 지원금을 월 15만 원에서 30만 원으로 증액하는 특단의 대책을 내세웠지만, 이 정책에 참여하는 기초생활수급자는 늘지 않았다.

이 광역자치단체의 정책은 왜 실패했을까?

이 단체의 정책PR의 실패는 문제를 결과로만 접근하는 대증적(對症的) 접근에 기인한다. 이 정책에 참여하는 기초생활수급자의 수가 정체하는 것은 지원액이 적어서가 아니라 기초생활수급자를 일선 현장에서 만나는 담당 공무원들의 고압적이고, 비인격적인 태도에 환멸을 느낀 기초생활수급자 수가 급증했고, 이런 기초생활수급자의 이탈 때문이었다. 이 경우를 도식화해 보면 〈그림 1-6〉과 같다.

'행복이 있는 삶'의 정책PR 담당자는 정책의 성공을 위해서 증액이라는 수단을 추가적으로 투입해야 하는 것이 아니라 이 업무를 맡고 있는 담당 공무원들의 대민 태도가 왜 부정적으로 형성되었는지에 관한 조사가 필요하며, 이 조사 내용을 기반으로 하는 사내교육 프로그램을 실시하는 것이 바람직하다. 가상의 사례로 살펴봤듯이 PR의 효과, 즉 타겟이 특정 브랜드, 제품, 서비스, 정책 등에 대해 갖고 있는 인식, 태도, 행동(의도) 등을 제고하거나 개선하기

● 그림 1-6. '행복이 있는 삶' 정책 실패의 결과 및 원인

위해서는 문제를 정확하게 파악하는 작업이 PR에서 반드시 필요하다. 강조컨대 문제는 결과와 원인의 복합체로 파악해야 하며 원인을 정확하게 진단할 때 PR의 효과는 제고된다.

문제를 결과와 원인의 복합체로 파악함으로써 문제를 성공적으로 해결한 실제 사례인 질레트(Gillette)의 키스 캠페인(K. I. S. S. Campaign)을 소개한다. 면도 관련 제품 제조업체인 질레트는 퓨전 프로글라이드(Fusion ProGlide)의 출시를 앞두고 미국 남성 소비자의 면도날(면도 카트리지) 소비량의 감소라는 문제에 봉착한다. 질레트와 같은 면도 관련 제품 제조업체는 면도기 본체 판매 수익보다 면도날 판매 수익이 더욱 중요하기 때문에 소비자들이 면도날을 자주 교체해 주어야 안정적인 수익 창출이 가능하다.

이런 시장구조에서 면도날 소비량의 감소는 질레트에 굉장히 중요한 문제이다. 질레트는 면도날 소비량의 감소라는 문제의 결과와 원인을 면밀하게 분석했다. 면도날 소비량의 감소는 주당 면도 횟수가 감소하기 때문에 일어난다. 즉, 주당 면도 횟수 감소가 문제의 '결과'이다. 문제를 단순하게 파악하는 마케팅 혹은 PR매니저라면 면도날 소비량 감소라는 문제를 해결하기 위해 '면도날 1+1 프로모션'이나 가격할인 프로그램을 기획할 것이다. 그러나 질레트는 그렇게 하지 않았다. 주당 면도 횟수 감소라는 결과를 발생시킨 원인이 무엇인지를 규명했다. 다양한 연구방법(서베이, 심층면접, 뇌파 검사, 길거리

● 그림 1-7. 질레트의 문제 분석 사례

실험 등)을 활용했고 남성 소비자의 면도 패턴에 영향을 미치는 집단인 여성을 대상으로도 리서치를 진행했다.

다양한 리서치를 실행한 결과는 흥미로운 사실을 말해줬다. 미국 남성들이 면도를 자주하지 않는 이유는 까칠하게 자란 수염이 여성들에게 더 매력적으로 보일 것이라는 신념을 갖고 있기 때문이었다. 드디어 원인을 발견한 것이다. 〈그림 1-7〉에서 제시한 것처럼 까칠하게 자란 수염이 매력적일 것이라는 신념(원인)이 주당 면도 횟수의 감소(결과)를 낳았고, 이들 원인과 결과는 궁극적으로 미국 남성 소비자의 면도날 소비량의 감소(문제)를 낳았다.

질레트는 남성들의 까칠하게 자란 수염이 여성들에게 더욱 매력적일 것이라는 신념의 진위를 가리기 위해 여성들을 대상으로 광범위한 리서치를 실행했다. 1000명 이상을 대상으로 한 서베이에서 55%의 여성은 남성의 수염이 여성의 피부를 불편하게 하므로 키스를 꺼리게 만들며(54%), 성적 친밀감을 떨어뜨린다(38%)고 응답했다. 질레트가 키스 캠페인에서 어떤 전략을 채택해야 하는지가 명확해졌다. 남성들의 시각을 교정해 주는 것이다. 질레트는 소셜미디어, 전문가의 방송 출연, 퍼블리시티 등을 활용해 여성들을 대상으로 한 서베이의 결과를 남성들에게 알렸다. 면도날 가격인하, 1+1 증정행사 등과 같은 프로그램을 채택하는 실수를 저지르지 않았다.

다시 한번 정리하자. PR은 조직의 문제를 해결하는 과정이다. 문제는 결과와 원인의 총합으로 이해해야 한다. 문제의 복합적 구조를 이해하기 위해서는 다양한 리서치 방법을 활용할 수 있어야 한다. 따라서 PR기획의 첫걸음은 다양한 리서치를 활용해 문제를 파악하고, 그 문제를 구성하고 있는 결과와 원인을 정확하게 규명하는 것이다. 이 책의 2부에서 PR기획에 필요한 다양한 리서치 방법을 소개한다.

3장 문제의 합리적 선정 과정

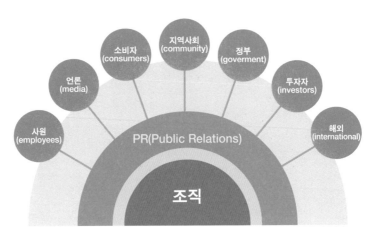

● 그림 1-8. PR의 다양한 공중

　PR은 조직의 문제를 해결하는 과정이다. 조직의 성공이나 실패에 영향을
미칠 수 있는 문제는 조직 내외에서 끊임없이, 또 동시에 발생한다. 1장에서
설명한 것처럼 조직을 둘러싼 문제가 여럿 존재하는 근본적인 이유는 조직에
영향을 미칠 수 있는 공중이 언론뿐만 아니라 사원, 소비자, 지역사회, 정부,
투자자, 해외 공중까지 매우 다양하기 때문이다. 결국 PR이 해결해야 하는 문
제는 다양한 공중과의 관계에서 발생하는 문제이다.

　〈그림 1-8〉에서 보는 것처럼 조직의 문제를 발생시키는 주체인 공중이 매
우 다양하기 때문에 문제 역시 매우 다양한 영역에서 다양한 형태로 발생한
다. 단 하나의 문제만 있는 조직은 현실에서는 존재하지 않는다. 조직은 항상
복수의 문제에 직면한다. PR기획자는 2부에서 살펴볼 다양한 리서치, 특히 소
셜미디어 분석과 언론보도 분석을 상시적으로 실행함으로써 공중들을 지속
적으로 모니터링해야 한다. 그래서 공중과 조직 사이에 어떤 문제가 존재하
는지를 파악해 문제의 후보군(problem candidates)을 갖고 있어야 한다.

그런데 조직의 자원이 무한하다면 조직 내외에서 발생하는 모든 문제, 즉 문제의 후보군에 있는 모든 문제를 동시에 해결할 수 있지만, 무한한 자원을 가진 조직을 현실에서는 찾기 어렵다. 대부분의 조직은 유한한 자원을 갖고 있으므로 모든 문제를 동시에 해결하는 것은 불가능하며, 따라서 문제의 후보군에서 어떤 문제부터 해결해야 하는지에 관한 '선택과 집중'을 해야 하며, 그러기 위해서는 각 문제의 우선순위(priority)나 가중치(weight)를 합리적으로 파악해야 한다.

이 장에서는 복수의 문제에 직면한 조직이 어떤 문제부터 해결해야 하는지를 합리적으로 결정하는 데 기여하는 도구인 문제 우선순위 매트릭스, 계층분석과정, FAROUT시스템을 설명한다.

1. 문제 우선순위 매트릭스

휠렌과 헝거(Wheelen & Hunger, 2003)가 개발한 우선순위 매트릭스(priority matrix)는 세분시장의 산업적인 매력과 자사의 강점 및 약점이라는 두 기준을 활용해 여러 세분시장의 종합적인 매력도를 평가하는 데 활용됐지만, 여러 대안을 2가지 기준에 의해 매핑하는 다양한 목적으로 활용되고 있다. 소셜미디어 분석, 언론보도 분석, 포커스그룹인터뷰, 서베이 등의 다양한 리서치 방법을 활용해 문제의 후보군을 파악했다고 가정하자. 이 문제들을 문제 우선순위 매트릭스에 의해 매핑하면 〈그림 1-9〉와 같다.

〈그림 1-9〉는 여러 문제를 분류하는 기준으로 문제가 조직에 미치는 영향력, 문제의 발전 정도를 활용했지만, 이 기준은 조직의 성격, 조직이 처한 상황, 조직이 지향하는 가치 등에 따라 달라져야 한다. 〈그림 1-9〉의 예시에서는 모두 6개의 문제가 문제의 후보군으로 포함되었고 이 중에서 문제 A가 조직에 미치는 영향이 가장 크고, 즉각적인 관리가 필요한 문제라는 것을 알 수

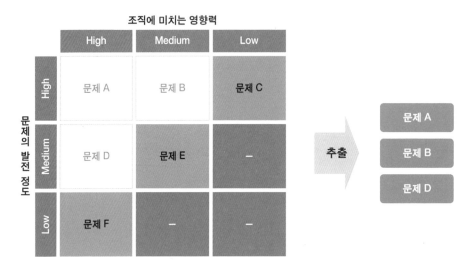

조직에 미치는 영향력

	High	Medium	Low
High	문제 A	문제 B	문제 C
Medium	문제 D	문제 E	–
Low	문제 F	–	–

문제의 발전 정도

추출

문제 A

문제 B

문제 D

● 그림 1-9. 문제 우선순위 매트릭스

있다. 따라서 PR실무자는 6개의 문제 중 문제 A의 해결을 위한 PR을 가장 먼저 기획해야 한다.

2. 계층분석과정의 짝비교 원칙을 활용한 문제의 선정

계층분석과정(AHP: analytic hierarchy process)은 여러 개의 문제·사안·대안 등의 중요도 혹은 가치를 합리적으로 평가함으로써 조직의 의사결정에 기여하는 여러 다기준 의사결정방법(multi-criteria decision making method) 중에서 국내외의 많은 공공기관과 민간기업에서 채택하고 있는 방법이다. 계층분석과정은 1970년대 초 펜실베니아대학교의 토머스 사티(Thomas Saaty) 교수가 개발한 기법으로 공공기관의 정책 우선순위 결정, 예산의 배분, 기업의 투자처 결정, 기업의 사회공헌활동 유형 선정 등의 목적으로 활용되고 있다 (木下榮藏 & 大屋隆生, 2007).

계층분석과정을 아주 단순히 설명하면 응답자가 여러 대안의 중요도 혹은 가중치를 스스로 평가하게 한 후, 전체 응답자들의 결과를 통합함으로써 대안들의 중요도를 수치화하는 방법이다. 따라서 계층분석과정은 기본적으로 설문지를 필요로 하며 서베이에 참여하는 응답자의 수가 많아지면 엑스퍼트 초이스(Expert Choice), 아이메이크잇(I Make It) 등의 통계패키지에 의존해야 한다. 그러나 계층분석과정의 핵심원칙만 잘 이해하면 통계패키지의 힘을 빌리지 않고서도 PR기획의 상황분석 단계에서 계층분석과정을 활용할 수 있다.

계층분석과정의 핵심원칙은 짝비교(pairwise comparison)이다. 물론 계층적 구조화, 일관성 검증, 응답자의 문제·사안·대안 등에 대한 이해 등도 필요하지만 가장 중요한 원칙은 짝비교이다. 여러 문제·사안·대안에서 하나의 짝, 즉 2개씩을 추출한 후, 이 2개의 대안을 비교해 둘 중 상대적으로 어느 것이 더 중요한지를 비교해 나감으로써 여러 개의 대안을 한꺼번에 판단할 때의 오류를 방지함과 동시에 판단을 쉽게 내릴 수 있도록 기여한다(임은선, 2006; 장택원, 2018).

계층분석과정을 실행할 때 주의해야 할 두 번째는 응답자가 반드시 문제·사안·대안 등에 대해 정통해야 한다는 것이다. 앞서 언급한 것처럼 계층분석과정은 국가기관의 예산·자원 우선순위 확정, 정책의 우선순위 결정 등에 활용되는데, 이들 사안에 대해 지식이 전혀 없는 응답자가 서베이에 참여할 경우, 그 서베이의 신뢰성은 현저히 낮아진다. 특정 조직의 PR기획에 참여하는 사람들, 즉 인하우스 실무자(기업이나 공공기관의 홍보실에 근무하는 실무자), 특정 조직을 위한 PR서비스를 제공하는 PR기업의 실무자 모두 평소에 언론보도나 소셜미디어의 동향, 조직의 장기 과제 및 비즈니스 포트폴리오 등을 살펴봤을 것이므로 그 조직에 대한 이해도가 높을 것이다. 또 조직 안팎에서 PR을 지속적으로 수행해 왔으므로 그 조직이 당면한 문제들 중에서 어떤 문제가 더욱 중요하고, 시급히 해결해야 할 문제임을 잘 인식하고 있을 것이다.

따라서 PR기획에 참여하는 실무자들은 그 조직에 대해 정통하다고 가정할 수 있으므로 이들을 대상으로 계층분석과정을 실행하는 것은 방법론적으로 타당하다.

계층분석과정을 실행할 때, 유의해야 하는 세 번째는 제시하는 대안의 고갈성(exhaustiveness)과 상호배타성(mutual exclusiveness)이다. 앞서 설명한 것처럼 계층분석과정은 설문지를 기본적으로 활용하며 여러 개의 대안 중에서 2개씩을 계속 비교하면서 상대적 중요성을 응답자가 답할 수 있도록 설문지를 구성한다. 따라서 여러 개의 대안을 먼저 구성해야 한다. 쉽게 설명하자면 언론보도 분석이나 소셜미디어 분석을 통해 문제의 후보군을 먼저 구성해야 하는데, 이때 문제의 후보군에는 그 조직이 당면한 모든 문제가 빠짐없이 포함되어야 하며(고갈성), 그 문제들은 중복되거나 유사해서는 안 된다(상호배타성).

지금까지 설명한 3개의 주요 원칙을 기반으로 계층분석과정을 활용한 문제의 선정 과정을 실습해 보자.

먼저 다양한 연구방법을 활용해서 n개의 문제·사안·대안 등을 도출했다 가정하자. n개의 문제에서 2개씩을 짝비교해야 하므로 그 경우의 수는 다음과 같이 계산할 수 있다.

$$nC_2 = \frac{n!^2}{(n-2)! \times 2!}$$

문제의 후보군에 5개가 있는 경우에 응답자가 짝비교를 하는 경우의 수는

---

2 1부터 어떤 양의 정수 n까지의 정수를 모두 곱한 것을 말하며 n!로 나타낸다. 3!는 1×2×3을 의미한다.

다음과 같이 계산할 수 있고 응답자는 모두 10번의 짝비교를 해야 한다.

$$_5C_2 = \frac{5!}{(5-2)! \times 2!} = \frac{5!}{3! \times 2!} = \frac{5 \times 4 \times 3 \times 2 \times 1}{(3 \times 2 \times 1) \times (2 \times 1)} = 10$$

문제 A, B, C, D, E 중에서 2개씩 뽑아서 짝비교하는 경우는 10가지로, A와 B, A와 C, A와 D, A와 E, B와 C, B와 D, B와 E, C와 D, C와 E, D와 E를 비교하는 것이다. 이렇게 짝을 지어준 다음, 각각의 문제에 1점에서 9점까지의 점수를 매겨 상대적 중요도를 계산한다. '상대적 중요도'라는 개념을 정확하게 이해해야 하는데, A와 B의 점수를 매길 때 A가 B와의 관계에서 갖는 중요도를 A의 점수로 매겨야 한다. 예를 들어 'A : B = 5 : 3'이라고 점수를 매겼다면 A는 B와의 관계에서 5라는 중요도를 가진다는 것을 의미한다. 따라서 'A : C = 3 : 9'의 경우처럼 A는 C와의 관계에서는 3이라는 중요도를 가진다는 것을 뜻한다.[3] A가 B와의 관계에서는 5라는 중요도를 갖지만 C와의 관계에서는 3이라는 중요도를 갖는 것인데, A의 점수가 이처럼 달라지는 것은 짝비교하는 대상에 따라 상대적 중요도가 달라지기 때문이다.

계층분석과정을 위한 설문지를 작성할 때는 〈표 1-4〉처럼 1점부터 9점까지 상대적 중요도를 어떤 기준으로 평가할 수 있는지에 관한 지시문을 제시한 후, 〈표 1-5〉와 같은 짝비교 문항을 제시하는 순서로 설문지를 구성한다.

---

3 학술적 연구에서 계층분석과정을 실행할 때는 〈표 1-5〉에 제시된 설문지에서 하나의 사안에만 상대적 중요도를 매기도록 응답자는 요구받는다. 그런 다음, 연구자는 이 값들로 행렬을 만들며, 행렬의 고유벡터(중요도)를 구하고, 그 벡터를 가중치로 설정하고, 고유치로부터 일관성 정도를 계산한다. 이 책에서는 이런 복잡한 과정을 거치지 않고, 매우 직관적인 방식의 짝비교를 제시했다. 학문적 엄밀성이 떨어지지만 행렬과 벡터를 고등학교에서 배우지 않은 다수의 독자를 고려해 개발한 방식임을 밝힌다.

● 표 1-4. 짝비교를 위한 계층분석과정의 척도

중요도	정의	설명
1	동등하게 중요	비교하는 2개의 문제가 조직의 지속가능한 성장에 동등하게 중요한 역할을 한다.
3	약간 중요	경험이나 판단으로 볼 때, 1개의 문제가 다른 문제에 비해 약간 더 중요하게 조직의 지속가능한 성장에 영향을 미친다.
5	중요	경험이나 판단으로 볼 때, 1개의 문제가 다른 문제에 비해 매우 필수적이거나 상대적으로 훨씬 중요하다.
7	매우 중요	1개의 문제가 다른 문제에 비해 경험이나 판단에 의해서가 아니라 상대적 중요성이 실증적으로 입증되었다.
9	절대 중요	1개의 문제가 다른 문제에 비해 가장 강한 결정적 문제임을 확인할 수 있음이 실증적으로 증명되었다.
2, 4, 6, 8	위의 척도들의 중간값	위 척도들의 중간 정도에 해당하는 중요도

● 표 1-5. 계층분석과정에 활용되는 설문지 샘플

(주)OOOO의 문제를 평가하는 데 있어서 평가항목 간 상대적 중요도를 표시(V표)하여 주시기 바랍니다.

평가항목	절대 중요		매우 중요		중요		약간 중요		동등하게 중요		약간 중요		중요		매우 중요		절대 중요	평가항목
A																		B
A																		C
A																		D
A																		E
B																		C
B																		D
B																		E
C																		D
C																		E
D																		E

A	:	B	=	3	:	5
A	:	C	=	2	:	3
A	:	D	=	1	:	9
A	:	E	=	5	:	5
B	:	C	=	7	:	5
B	:	D	=	3	:	9
B	:	E	=	5	:	3
C	:	D	=	3	:	9
C	:	E	=	5	:	5
D	:	E	=	7	:	5

〈표 1-5〉와 같은 설문지를 PR기획에 참여하는 3명으로 구성된 팀에게 배포했다고 가정해 보자. 실무자 a는 〈표 1-6〉과 같이 짝비교를 할 수 있다.

〈표 1-6〉의 짝비교 결과를 바탕으로 문제별로 상대적 중요도를 모두 더하면 다음과 같다.

$$A = 3 + 2 + 1 + 5 = 11$$
$$B = 5 + 7 + 3 + 5 = 20$$
$$C = 3 + 5 + 3 + 5 = 16$$
$$D = 9 + 9 + 9 + 7 = 34$$
$$E = 5 + 3 + 5 + 5 = 18$$

따라서 실무자 a의 문제 A, B, C, D, E에 대한 상대적 중요도 평가 결과는 다음과 같다.

A : B : C : D : E = 11 : 20 : 16 : 34 : 18 (실무자 a)

동일한 과정을 거쳐 실무자 b와 실무자 c의 문제별 상대적 중요도 평가 결과를 얻을 수 있다.

A : B : C : D : E = 19 : 24 : 25 : 36 : 13 (실무자 b)
A : B : C : D : E = 15 : 22 : 20 : 34 : 15 (실무자 c)

마지막으로 실무자 a, b, c의 상대적 중요도 평가 결과를 합산하면 〈표 1-7〉과 같다.

〈표 1-7〉은 PR기획의 상황분석에 참여하는 실무자 a, b, c의 계층분석과정 설문지의 결과를 모두 합산한 것으로 이 팀은 문제 D, 문제 B, 문제 C, 문제 E, 문제 A의 순으로 상대적 중요도를 평가했고, 따라서 가장 먼저 해결해야 할 중요한 문제는 문제 D임을 알 수 있다. 앞서 언급한 것처럼 조직이 봉착한 모든 문제를 동시에 해결할 수 없다면 가장 중요한 문제부터 해결하는 합리적 접근이 필요한데, 계층분석과정을 활용한 문제의 선정 결과는 조직이 어떤 문제부터 해결해야 하는지를 명확히 가르쳐준다.

계층분석과정의 방법론적 타당성을 담보하는 가장 중요한 원칙은 짝비교를 통한 항목별 상대적 중요도 파악이다. 또 소수의 응답자가 여러 항목을 상대평가하게 하므로 조직과 조직이 봉착한 문제에 정통한 사람이 참여하는 것이 필요하다. 이런 원칙들을 준수한다면 계층분석과정을 위한 통계패키지를 활용하지 않고서도 어떤 문제가 조직에 가장 중요한 문제인지를 합리적으로 판단할 수 있다. PR을 전공하는 대학생들이 다양한 PR 관련 팀 프로젝트를 수행할 때, 혹은 인하우스나 PR기업에서 근무하는 실무자들이 프로젝트를 수행할 때 다양한 문제 중에서 어떤 문제가 가장 중요한 문제인지를 결정할 때 유

● 표 1-7. 팀원의 짝비교 결과 합산

문제	실무자 a	실무자 b	실무자 c	합계
A	11	19	15	45
B	20	24	22	66
C	16	25	20	61
D	34	36	34	104
E	18	13	15	46

용한 방법이다.

　마지막으로 계층분석과정의 방법론적 타당성과 유용성을 제고하기 위해서는 여기에서 상술하지 않은 계층적 구조화, 일관성 검증도 필요하다. 그러나 이 부분들을 설명하면 다소 어려워질 수 있어 독자들이 이 방법을 실무에 응용하지 않을 것을 우려해 생략했음을 밝힌다. 또 대안들 간의 가중치를 제대로 계산하기 위해서는 짝비교의 결과를 행렬로 만든 후, 짝비교행렬의 각 열의 요소를 합산하고, 열의 합으로 나누고, 각 행의 평균을 계산해야 한다(木下榮藏 & 大屋隆生, 2007). 이런 과정들이 독자에게는 어려울 수 있어 필자가 개발한 짝비교 방식을 소개했다. 좀 더 엄밀한 활용이 필요할 때는 계층분석과정에 관한 문헌과 관련 통계패키지를 이용하기를 권한다.

3. FAROUT시스템을 활용한 문제의 진단과 평가

　플레이셔와 벤수전(Fleisher & Bensoussan)이 개발한 FAROUT시스템은 분석의 결과가 인텔리전트하고, 의사결정권자에게 도움을 주기 위해서는 몇 가지 공통된 특징을 가질 필요가 있다는 전제에 토대를 두고 있다(Fleisher & Bensoussan, 2002). 즉, FAROUT시스템은 SWOT분석, BCG 성장/점유율 포트폴리오 매트릭스, 가치사슬 분석, 맹점 분석과 같은 기업경영에서 활용되는 분석도구가 도구로서의 가치가 있는지를 평가하는 도구이다. 쉽게 말해 경영평가 도구를 평가하는 도구인 셈이다. FAROUT시스템은 경영평가 도구의 분석에도 유용하지만 심층면접, 포커스그룹인터뷰, 언론보도 분석, 소셜미디어 분석, 서베이 등을 통해 파악한 문제가 얼마나 가치가 있는지를 평가하는 데도 유용하다.

FAROUT시스템의 F는 미래지향성(future orientation), A는 정확성(accuracy), R은 자원효율성(resource efficiency), O는 객관성(objectivity), U는 유용성(usefulness), T는 시의적절성(timeliness)을 의미한다. 이들 각 요소를 PR의 상황분석, 즉 문제가 얼마나 중요하고 가치가 있는지를 평가하는 데 활용할 수 있다. 여러 문제를 평가하기 위해서 보통 5점 만점 평가표를 활용하는데, 이런 원칙에 기반해 FAROUT시스템의 각 요소를 PR의 상황분석에 맞게 재구성한 결과가 〈표 1-8〉의 FAROUT척도다. 〈표 1-8〉에서 1은 가장 낮고 5가 가장 높다. 심층면접, 포커스그룹인터뷰, 언론보도 분석, 소셜미디어 분석, 서베이 등을 통해 파악한 모든 문제는 FAROUT요소에 의해 평가할 수 있다.

여성가족부가 '여성친화 기업문화 확산을 위한 PR'을 실행한다고 가정해 보자. 여성가족부의 PR담당자는 다양한 리서치를 통해 여성경제활동인구의 여성친화 기업문화 확산을 위한 정책에 대한 긍정적 인식, 언론의 여성경영인에 대한 우호적 보도, 남성경제활동인구의 여성부 존재 자체에 대한 부정적 인식, 경제 불황으로 인한 여성경제활동인구의 취업 가능성 하락 등이 주요 문제임을 파악했다. 〈표 1-8〉에서 제시한 척도를 활용해 이들 4개의 문제를 평가하면 〈표 1-9〉와 같다.

〈표 1-9〉의 FAROUT 서머리에서 다양한 리서치를 통해 파악한 여러 문제 중에서 남성경제활동인구의 여성부 존재 자체에 대한 부정적 인식(문제 C)은 미래에도 지속적으로 제기될 수 있는 문제로서 문제해결에는 많은 자원과 시

● 표 1-8. FAROUT척도

요소	평가기준
미래지향성	1: 해당 문제가 미래에도 존재할 가능성이 매우 낮음 5: 해당 문제가 미래에도 지속될 가능성이 매우 높음
정확성	1: 문제 파악에 활용된 연구방법이 정확한 진단에 적게 기여 5: 문제 파악에 활용된 연구방법이 정확한 진단에 많이 기여
자원효율성	1: 해당 문제를 해결하기 위해서는 많은 양의 자원(인력, 예산, 시설 등)이 필요 5: 해당 문제를 해결하기 위해서는 적은 양의 자원(인력, 예산, 시설 등)이 필요
객관성	1: 해당 문제의 가치가 PR담당자나 조직의 편향성 때문에 그르게 평가되었을 가능성이 높음 5: 해당 문제의 가치가 PR담당자나 조직의 편향성과는 무관하게 옳게 평가되었을 가능성이 높음
유용성	1: 해당 문제해결이 조직의 철학, 사명(mission), 커뮤니케이션 원칙과 일치할 가능성이 낮음 5: 해당 문제해결이 조직의 철학, 사명, 커뮤니케이션 원칙과 일치할 가능성이 높음
시의적절성	1: 효율적으로 문제를 해결하기에 많은 시간이 필요 5: 효율적으로 문제를 해결하기에 적은 시간이 필요

자료: Fleisher & Bensoussan (2002).

● 표 1-9. 각 문제에 대한 FAROUT 서머리의 예

문제	미래지향성	정확성	자원효율성	객관성	유용성	시의적절성
A	5	3	3	2	5	2
B	3	3	2	5	4	3
C	4	5	2	5	5	1
D	5	5	1	4	5	1

문제 A: 여성경제활동인구의 여성친화 기업문화 확산을 위한 정책에 대한 긍정적 인식
문제 B: 언론의 여성경영인에 대한 우호적 보도
문제 C: 낚성경제활동인구의 여성부 존재 사제에 대한 부정적 인식
문제 D: 경제 불황으로 인한 여성경제활동인구의 취업 가능성 하락

간이 필요하며, 이런 진단은 상당히 정확한 것이며, 이 문제의 해결은 여성부의 부처 존재 이유와도 일치한다는 것을 알 수 있다. 제시된 다른 문제들도 FAROUT 서머리에 드러난 평가를 활용함으로써 현재 어떤 상황에 있는지를 알 수 있으며, 조직은 어떤 문제부터 해결하는 전략적 접근을 해야 하는지를 알 수 있다.

4장 데이터 기반 PR의 정의와 유용성

이 책의 목적은 인하우스와 PR기업의 PR실무자, 대학에서 PR을 전공하는 학생 등에게 과학적·합리적 PR기획 방안을 제공하는 데 있다. 과학적 PR기획을 위해서는 데이터 기반 PR(data-driven PR)을 이해해야 한다.

1. 데이터 기반 PR의 정의

필자는 2008년에 〈실행이 탄탄해지는 PR기획〉이라는 단행본을 통해 One-argument-and-one-ground PR을 처음 소개했으며, 그 후 다수의 강의와 컨설팅에서 이 개념을 설명했으며, 이 새로운 PR관행의 유용함을 역설했다. 그러나 PR산업과 PR학계에 몸담고 있는 많은 사람에게 이 개념은 여전히 낯선 것으로 여겨지고 있는 와중에 2010년대 중반부터 PR업계와 학계에서는 '데이터 기반 PR'이라는 개념을 본격적으로 사용하게 된다. 필자가 2008년에 주창했던 One-argument-and-one-ground PR과 오늘날의 많은 연구자 및 실무자가 사용하는 데이터 기반 PR은 완벽히 같은 관행을 가리키는 개념이므로 이 책에서는 데이터 기반 PR을 사용한다.

데이터 기반 PR의 정의를 살펴보자. 데이터 기반 PR이란 PR문제의 파악, 계획 및 입안, 활동 수행 및 커뮤니케이션, 프로그램의 평가로 이루어지는 PR의 4가지 과정(브룸과 샤, 2013)이 과학적인 데이터에 의해 집행되는 PR으로서 PR실무자의 자의적인 판단, 주관적인 경험을 배제함으로써 PR의 효율성과 과학성을 제고하는 데 기여하는 새로운 PR관행을 의미한다. 〈그림 1-10〉은 데이터 기반 PR의 개념도로서 PR기획의 핵심인 전략, 메시지, 프로그램이 과학적인 데이터를 기반으로 설계되고, 실행되어야 함을 의미한다.

데이터 기반 PR을 좀 더 쉽게 설명하려 한다. PR기획 및 컨설팅에서 PR실

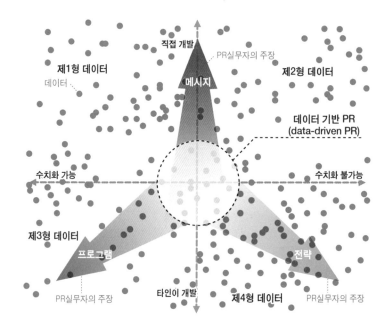

● 그림 1-10. 데이터 기반 PR의 개념도

무자 혹은 컨설턴트가 무언가를 주장하거나 제안하는 것은 어렵지 않다. 이벤트를 하자, 소셜미디어를 활용하자 등의 주장은 누구나 할 수 있다. 그러나 그 주장이나 제안이 반드시 과학적인 데이터에 기반해야 한다는 조건이 붙으면 주장이나 제안을 함부로 할 수 없게 된다. 따라서 데이터 기반 PR의 핵심은 어떻게 데이터를 확보하고 개발할 것인가에 달려 있다. 2부에서 데이터가 무엇이며, 어떻게 확보할 수 있는지를 구체적으로 살펴본다.

　'단 한 줄의 주장 혹은 제안도 허투루 하지 않는 PR'이라 할 수 있는 데이터 기반 PR은 쉽게 말하자면 과학적인 데이터가 수반되지 않는 주장이나 제안은 절대로 하지 않는 새로운 PR관행이다. 따라서 데이터 기반 PR에 의해 작성되는 PR기획서는 다음과 같은 기본적인 포맷을 반드시 지녀야 한다. 파워포인트를 활용하는 PR기획서는 〈그림 1-11〉과 같은 포맷으로 구성한다.

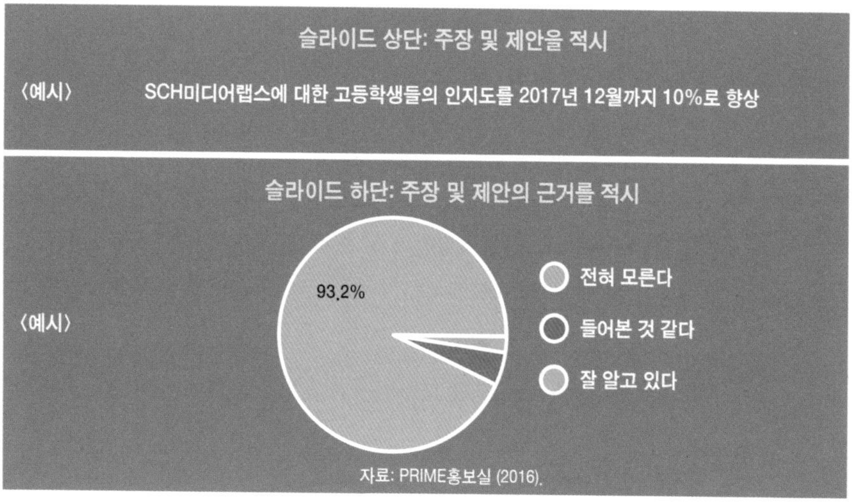
슬라이드 상단: 주장 및 제안을 적시
〈예시〉
SCH미디어랩스에 대한 고등학생들의 인지도를 2017년 12월까지 10%로 향상
슬라이드 하단: 주장 및 제안의 근거를 적시
〈예시〉
93.2%
전혀 모른다
들어본 것 같다
잘 알고 있다
자료: PRIME홍보실 (2016).

● 그림 1-11. 데이터 기반 PR에 의한 보고서의 기본 포맷

〈그림 1-11〉은 필자가 재직 중인 대학교가 신생 단과대학의 브랜드자산을 강화하기 위한 PR프로젝트를 실행하면서 작성한 보고서의 일부인데, 보는 것처럼 PR목표를 제시한 후에 슬라이드의 하단에는 그와 같은 목표를 설정한 데이터를 제시하고 있다.

이와 같은 PR기획서의 구성은 어찌 보면, 너무나도 당연하다고 할 수 있다. 적게는 수천만 원, 크게는 수백억 원을 집행하는 PR프로젝트를 담당하는 실무자가 자신이 몸담고 있거나 서비스를 제공하는 고객사에 최소한의 데이터도 없이 이런 활동을 하자, 저런 활동을 하자라고 말해서는 되겠는가?

1947년에 보스턴대학교가 세계 최초로 PR전공 학사학위 프로그램을 개설한 것을 계기로 세계 각국의 저명한 커뮤니케이션스쿨에서 PR학과를 개설하거나 PR과목을 가르치고 있다. 또 PR학의 학문적 가치와 영향력이 확대되면서 PR 관련 논문을 게재하는 국내외 저널이 계속 늘어나고 있다. 미국PR협회

<PR Tip 1-1> PR학의 학문적 위상

브룸과 샤(2013)에 의하면 미국의 경우, 적어도 300개 이상의 대학에서 PR 학부 및 대학원 프로그램을 제공하고 있다. 국내의 경우, 적어도 86개 이상의 대학 및 대학원에서 PR 프로그램을 제공하고 있는 것으로 추산된다. PR 관련 논문을 게재하는 저널도 국내외에서 점차 증가하고 있는데, 다음 표를 참고하기 바란다.

국내 저널	국외 저널
〈홍보학연구〉	*Public Relations Review*
〈한국광고홍보학보〉	*Journal of Public Relations Research*
〈광고연구〉	*Public Relations Journal*
〈광고PR실학연구〉	*Public Relations Inquiry*
〈헬스커뮤니케이션연구〉	*Journal of Public Affairs*
〈광고학연구〉	*Journal of Applied Communication Research*
〈한국언론학보〉	*Journal of Business Ethics*
〈커뮤니케이션학연구〉	*Management Communication Quarterly*
〈마케팅연구〉	*Journalism and Mass Communication Quarterly*
〈OOH광고학연구〉	*Public Opinion Quarterly*

나 한국PR협회는 소정의 자격시험을 거쳐 PR전문가 인증을 실시함으로써 PR 영역의 전문성 제고에 노력하고 있다.

PR에 대한 학문적 수요가 증가하고 PR을 연구하는 학자들이 많아지면서 PR학의 위상이 긍정적으로 변화하고 있는데도 PR전문가를 '스핀닥터(spin doctor)'[4]라고 폄하하는 풍토가 사라지지 않는 이유는 무엇일까?

여러 이유가 있겠지만 그중 하나는 PR실무자들의 주장이나 제안이 여전히 과학적이지 않고 주먹구구식이라는 점이다. 데이터가 결여된 주장이나 제안을 남발하는 사람을 어떻게 '전문가'라고 칭할 수 있겠는가? 다음 절에서는 데이터 기반 PR이 PR실무자 혹은 컨설턴트에게도, PR을 실행하는 조직에도 필요한 이유를 구체적으로 살펴본다.

2. 왜 데이터 기반 PR이 필요한가?

우리나라의 PR시장이 날로 확장하고 있음은 분명하다. 기존에도 PR을 실행하고 있던 민간기업들은 물론이고 2003년의 참여정부 출범 이후에는 공공기관도 PR시장의 큰손(?)으로 자리 잡고 있다. 대학, 시민단체, 병원과 같은 비영리조직도 조직의 목적 달성에 PR을 활용하고 있다. 또 PR의 수단과 영역이 소셜미디어, 기업의 사회적 책임, 쟁점 관리 등으로 세분화 및 다양화되면서 이들 영역별 시장도 커지고 있다. PR을 조직경영의 수단으로 활용하는 조직이 다양해지고 있으며, PR기능도 세분화되는 현재의 상황은 산업으로서의 PR이 지속적으로 성장하고 있음을 의미한다.

PR시장을 공공부문과 민간부문으로 크게 나누어 시장의 크기를 대략적으로 짐작해 보자. 우선 공공기관이 발주하는 PR시장의 크기와 흐름을 살펴보자. 2019년 5월 현재 18부 5처 17청의 중앙부처와 그 산하조직, 17개의 광역자

---

4 목표 달성을 위해서라면 여론 조작도 서슴지 않는 PR인들을 이르는 속어이다. PR 종사자를 한없이 낮춰 부르는 말인데도, 그 의미를 정확하게 몰라 스스로를 '스핀닥터'라 부르는 PR인들도 있다. 영화 〈왝 더 독(Wag the Dog)〉에서 로버트 드 니로는 정치PR 컨설턴트 콘래드 브린으로 등장해 대통령의 재선을 위해 물불 가리지 않고, 여론 조작에 나서는 전형적인 스핀닥터의 모습을 보여준 바 있다. 이 책을 읽는 PR인들만이라도 우리 스스로를 스핀닥터라고 부르는 자기부정은 하지 말았으면 한다.

넓은 타겟시장 ←——————————————————————→ 좁은 타겟시장

● 그림 1-12. 시장세분화의 수준에 따른 타게팅전략의 차이

자료: Kotler & Armstrong (2014), p. 208.

치단체와 그 산하조직, 226개의 기초자치단체와 그 산하조직 등이 PR프로젝트를 발주하고, 실행하고 있다. 필자가 2008년에 쓴 〈실행이 탄탄해지는 PR기획〉에서는 당시 한나라당 정병국 의원실의 자료를 인용해 2006년 한 해 동안의 공공기관의 PR예산이 898억 5000만 원이라고 밝혔다. 그로부터 12년이 지난 2018년의 공공기관 PR예산을 황성욱·최창식·이은순·이종혁(2018)은 6000억 원 규모로 성장했을 것으로 예측한다. 지난 12년 동안 공공부문 PR시장이 무려 6.7배 정도 성장했음을 알 수 있다.

민간부문 PR시장의 규모도 간략히 살펴보자. 민간기업은 브랜드별, 제품별로 PR을 하는 경우가 많다. 국내에도 진출한 대표적 소비재기업인 P&G의 브랜드는 2019년 5월 현재, 65개에 이른다. 단일 브랜드의 이름으로 다양한 제품군을 판매하는 기업들도 많은데, 3M은 단일 브랜드로 무려 571개의 소비자용 제품을 판매하고 있다. 또 국내 대표적 자동차제조업체인 현대자동차는 2019년 5월 현재 승용, RV, 친환경, 택시, 소형상용, 트럭, 버스, 제네시스 등의 부문을 통틀어 모두 45개 차종을 판매하고 있다. 하나의 브랜드, 제품, 서비스로 모든 소비자들을 만족시킬 수 있다면 비차별적 마케팅을 채택해 소비자를 공략하겠지만, 소비자의 니즈가 다양해지면서 기업들은 다양한 브랜드, 제품, 서비스를 개발해 각각의 소비자집단에 적합한 마케팅전략을 기획하고 실행하는 차별적 마케팅(differentiated marketing)을 채택하는 경우가 많아지는 현

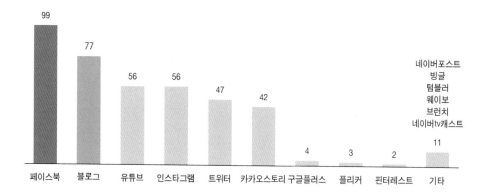

● 그림 1-13. 국내 기업 및 공공기관의 소셜미디어 채널 운영 현황

자료: KPR소셜커뮤니케이션연구소 (2016).

실도 민간부문 PR시장의 성장을 견인한다(〈그림 1-12〉 참조).

앞서 PR시장의 확대가 PR을 조직경영의 수단으로 채택하고 있는 공공기관과 민간기업의 점증에 기인한다고 설명했는데, 소셜미디어를 비롯한 디지털 영역의 다양한 미디어를 PR의 수단으로 활용하는 트렌드도 PR시장의 확대에 기여한다. KPR소셜커뮤니케이션연구소가 국내 기업 및 공공기관 소셜미디어 실무자 206명을 대상으로 소셜미디어 활용현황을 조사한 연구(2016)에 의하면, 응답한 기업 및 공공기관의 1/2 이상이 페이스북, 블로그, 유튜브, 인스타그램을 활용하고 있다(〈그림 1-13〉 참조).

제일기획은 우리나라의 2018년 전체 광고비를 분석하고 향후 광고시장을 예측했다(제일기획, 2019). 2018년 디지털광고시장은 모바일광고비 2조 8011억 원과 PC광고비 1조 5924억 원을 합쳐 4조 3935억 원으로 성장했으며, 이는 2017년에 비해 14.4% 성장한 수치이며, 사상 처음으로 디지털광고비가 4조 원을 돌파했다. 광고비 집계 이래 최초로 디지털광고비가 TV와 라디오를 합친 방송광고비(3조 9636억 원)를 추월했다. 향후 시장 예측에서도 맞춤형 광고기술 향상 등에 힘입어 모바일광고시장만 3조 원을 돌파하는 등 디지털광고시장의 지속적 성장이 예상된다. 소셜미디어를 비롯한 다양한 디지털미디어의 활용과 관리를 PR실무자가 담당하는 현실(〈표 1-3〉 참조)을 함께 고려한다면 디지털광고 중심의 광고시장 재편은 PR시장 및 PR실무자의 역할과 기능의 확대를 의미한다.

한편 단일 PR프로젝트에 투입하는 예산도 큰 폭으로 뛰었다. 정부가 발주한 단일 PR프로젝트에서 예산이 가장 큰 프로젝트 중의 하나는 보건복지부가 진행한 "2017년 금연홍보 및 캠페인"으로 약 220억 원의 예산이 배정되어 TV 및 라디오광고, OOH광고(옥외광고), 소셜미디어, 오프라인 프로모션, 언론홍보 등 거의 모든 미디어를 활용한 건이다. PR의 메시지를 타겟에게 전달할 수 있는 미디어가 다양해지면서 이들 미디어를 통합적·전방위적으로 활용하는 PR관행의 보편화는 단일 프로젝트에 투입하는 PR예산의 증가 추세를 이끈다.

지금까지 PR산업의 지속적인 성장 추세를 수요처의 다양화, PR영역과 기능의 전문화 및 세분화, PR예산의 증가 등으로 설명했다. PR산업이 성장하고, 이 산업에 투입되는 예산이 증가하는 현실에서 PR실무자는 PR집행의 정당성에 대해서 더욱 합리적이며 과학적인 답을 제시해야 한다. 즉, 모든 조직은 한정된 자원(인적·물적 자원 등)을 가장 효과적으로 활용해 조직의 문제를 해결해야 하는데, PR에 투입하는 자원이 증가한다는 것은 조직의 다른 기능에 투입하는 자원은 그만큼 감소한다는 것을 의미한다. PR이 조직경영에 얼마나 중요한 영향을 미칠 수 있는지를 명확히 답할 수 없다면, PR산업의 지속적인 성장이라는 현재의 추세는 꺾일 수밖에 없다.

〈그림 1-14〉는 블리자드 엔터테인먼트(Blizzard Entertainment)가 '디아블로 3'의 '강령술사의 귀환' 팩을 출시하면서 네이버의 PC 타임보드 광고를 집행하는 예이다. 네이버 PC 타임보드 광고는 집행시간대에 따라 광고단가가 달라

메일 카페 블로그 지식iN 쇼핑 Pay ▶TV 사전 뉴스 증권 부동산 지도 영화 뮤직 책 웹툰 더보기

● 그림 1-14. '강령술사의 귀환' 팩 네이버 PC 타임보드 광고

브랜드 검색 '디아블로' 관련 광고입니다.

● 그림 1-15. '강령술사의 귀환' 팩 네이버 PC 브랜드검색 광고

지는데, 2017년 7월 기준 주중 및 평일 기준으로 최저 150만 원(4~7시)에서 최고 3100만 원(15~16시)에 이른다. 블리자드는 '귀환 팩'에 관한 PC 브랜드검색 광고도 동시에 집행하고 있는데(〈그림 1-15〉 참조), 동영상 자동 재생 기능을 제공하는 프리미엄형 광고의 단가는 50만 명이 조회할 때는 1700만 원, 100만 명이 조회할 때는 2200만 원에 이른다.

블리자드 엔터테인먼트의 게임 출시에 활용한 프로그램으로 PC 타임보드 광고와 PC 브랜드검색 광고의 예만 들었지만, 게임 관련 기자들을 대상으로 하는 회견 내지 간담회, 게임 관련 유명인(celebrity)을 활용하는 증언 프로그램, 영향력 있는 커뮤니티 사이트 혹은 다른 기업과의 콜라보 프로그램 등도 활용했을 것으로 짐작할 수 있다. 이 업체의 PR과 마케팅을 담당하고 있는 실무자는 조직(혹은 고객사)의 엄청난 자원을 이 게임 출시에 투입하고 있는 셈이다. 이렇게 막대한 예산을 집행할 경우, PR실무자는 집행의 정당성을 설명할 수 있어야 한다. 즉, 과연 이런 예산을 투입할 만한 가치가 있는 프로그램인지에 관한 탄탄한 데이터를 PR실무자가 제시하지 못한다면, 조직이나 고객사가 그 제안을 받아들일 리 만무하다. 데이터 기반 PR을 지향하는 실무자라면 우선 데이터의 확보에 주력해야 한다.

데이터의 가치를 인식하는 PR실무자라면 기존 디아블로 이용자에 대한 프로파일을 확보할 것이다. 프로파일을 면밀히 분석한 후, 주요 고객군의 매체 습관, 라이프스타일, 게임 이용 장소와 시간, 가구소득 등의 데이터를 파악할 것이다. 이런 분석 과정을 기반으로 PC 타임보드 광고, PC 브랜드검색 광고, 기자회견, 증언 프로그램, 콜라보 프로그램 등을 기획할 수 있으며 이런 논리 전개 과정을 매끄럽게 제시해야만 자신의 상사나 고객사를 설득할 수 있을 것이다.

이제는 조직의 경영진이나 고객사의 관점에서 데이터 기반 PR을 해석해 보자. 앞서 살펴본 데이터의 확보 과정 없이 인하우스나 PR기업의 실무자가 자신의 주관과 감(?)만으로 '요즘은 네이버 PC 타임보드 광고가 대세니까 우리도 PC 타임보드 광고를 집행합시다'라고 주장한다면, 경영진이나 고객사는 그 실무자나 (만약 주장하는 사람이 AE라면, 그 AE가 몸담고 있는) PR기업을 더 이상 가까이 해서는 안 된다. 과학적인 데이터의 제시 및 이를 기반으로 하는 현실감 있는 기획능력을 PR실무자 역량 평가나 PR기업 선정의 기준으로 삼아야 한다. 경영진이나 고객사는 데이터 기반 PR을 수행할 역량이 부족한 실무자나 PR기업과 자사의 미래와 자원을 공유해서는 안 된다.

데이터를 기반으로 하는 PR은 집행 및 기획의 정당성을 확보하는 데 결정적으로 기여한다. PR기업은 대리인(agency)의 역할을 수행한다. 대리인은 주주(이 경우에는 고객사)의 승인 아래, 주주의 목적을 달성하기 위해 주주의

<PR Tip 1-2> PR기업? PR대행사?

이 연구에서는 발주처의 요청에 의해 PR을 실제로 실행하는 기업을 'PR대행사'라 하지 않고, 'PR기업'이라고 부른다. PR의 여러 정의 중 다수의 학자나 조직에서 인지하고 있는 정의는 브룸과 샤(2013)의 정의로 이들은 PR을 "조직과 그 조직의 성공이나 실패를 좌우하는 공중 간의 관계를 상호 호혜적으로 만들고 유지하는 경영의 기능"으로 정의한다(p. 5). PR을 경영의 기능으로 규정하는 것은 PR이 메시지 전달의 기능에만 머물러서는 안 되며, 여러 유형의 공중과의 관계를 통합적으로 관리함으로써 조직의 목적이나 목표 달성에 기여해야 한다는 것을 의미하며, 궁극적으로는 PR영역과 PR가치의 확대를 지향하는 개념이다.

오늘날의 PR이 지향하는 의미와 가치와는 달리 'PR대행사'라는 개념에는 제품, 서비스, 브랜드, 조직, 인물 등의 PR을 사후적으로 관리하며, 특히 언론을 활용한 메시지 중심의 기능을 강조하며, PR을 실제로 실행하는 기업의 비자율적 PR관리 등이 내포되어 있다. 따라서 이 연구에서는 'PR대행사'라 하지 않고, 'PR기업'이라 부른다.

자료: 최준혁 (2016, 6월).

자원을 사용한다(Hasnas, 1998). 소중한 주주의 자원을 함부로 써서야 되겠는가? 결론적으로 데이터 기반 PR은 고객사(혹은 경영진)를 설득해야 하는 PR기업의 AE(혹은 인하우스의 실무자)에게도, 소중한 자원을 집행해야 하는, 그래서 믿고 맡길 만한 대리인을 찾아야 하는 조직에도 모두 필요하다.

지금까지는 고객사나 상사를 설득해야 하는 PR실무자의 입장에서, 그리고 그러한 PR실무자 및 PR기업을 활용해야 하는 고객사의 입장에서 데이터 기반 PR이 왜 필요한지를 살펴보았다. 그러나 무엇보다도 데이터 기반 PR은 PR기업과 PR인 스스로를 위해서 가장 필요한 관행임을 깨달아야 한다.

앞서 PR인을 '스핀닥터'라 폄하하는 시각을 소개하면서 이는 PR인의 전문성, 윤리성의 결여로부터 기인하는 측면이 있음을 지적했다. 데이터 기반 PR 이야말로 PR의 전문성 획득을 위한 첫걸음이라고 할 수 있다. 과학적 데이터를 기반으로 조직의 문제를 정확하게 짚어낸 후에 그 문제를 치유할 수 있는 해법 역시 과학적 데이터를 기반으로 제시한다면, PR실무자의 제안은 대단히 전문적이라 평가받을 것이다.

이러한 전문성 획득은 '스핀닥터'의 오명을 벗을 수 있는 계기가 됨은 물론이며, PR실무자의 활동 범위 및 권한을 확대시킬 것이며, 궁극적으로는 주도세력(dominant coalition)5으로서 조직의 주요 의사결정과정에 주체적으로 참여함으로써 PR 및 PR실무자의 위상을 제고하는 데 기여할 것이다.

데이터 기반 PR이 PR기업에 반드시 필요한 좀 더 현실적인 이유를 살펴보자. 국내 PR기업의 영세성6과 그로 인한 체계적인 사내교육 프로그램의 부실을 보완하기 위해서 데이터 기반 PR은 필요하다.

대기업들이 별도의 인력관리 조직7을 마련해 신입사원 및 기존사원들의 업무 능력 배양을 위해 투자하는 것과는 달리 국내 어느 PR기업에도 신입 및 경력 AE들의 교육만을 전담하는 부서는 없다. 신입사원을 뽑아 훈련을 시킬 자신(?)이 없는 탓에 국내 PR기업의 인력충원은 신입보다는 경력사원 충원에 경

5 도지어와 그루니, 그리고 그루닉(Dozier, Grunig & Grunig, 1995)은 조직의 커뮤니케이션 탁월성(communication excellence)을 확보하기 위해서는 PR실무자와 조직의 주도 세력(dominant coalition) 간의 직접적 연계가 있어야 한다고 주장하면서, '주도 세력'이라는 개념을 제시하고 있다. 주도 세력이란 조직구조에 영향을 미치거나 조직의 미션을 규정하며, 전략적 선택을 통해 조직의 진로를 결정하는 권력을 지닌 개개인의 집합체를 의미한다.
6 광고회사인 제일기획의 2018년 매출액은 3조 4779억 원이고, PR업계 중 인력 및 매출이 가장 큰 것으로 평가받는 프레인글로벌의 2018년 매출액은 293억 원으로 프레인글로벌의 매출액은 제일기획의 0.84%에 불과하다. 이런 비교는 PR업계의 규모가 얼마나 작은지를 보여준다.
7 삼성그룹의 삼성인력개발원, LG그룹의 LG인화원, 교보생명의 계성원 등이 이에 해당한다.

연도	신입(인턴 포함)	경력	기타*	합계**
2008년	36건	63건	24건	147건
2019년	34건	63건	13건	110건

* 기타: 관리직, 경리직, 아르바이트 등
** 합계가 100이 넘는 것은 하나의 구인 글 안에 신입사원 및 경력사원을 동시에 채용하겠다는 내용이 있는 경우가 있기 때문이다.

도되어 있는 '경력자 위주 채용'이 일상화되어 있다.

〈표 1-10〉은 한국PR협회 홈페이지(http://www.koreapr.org/)의 '구인'란에 게재된 2008년 1월과 2019년 1월의 게시물을 최근 순으로 각각 100건을 분석하고 있다. 필자가 2008년에 쓴 〈실행이 탄탄해지는 PR기획〉에서도 선호인력 유형을 분석한 바 있는데, 그때에도 경력사원 선호가 인력충원의 두드러진 특징이었다. 경력사원을 선호하는 이 특징은 11년이 지난 2019년에도 변하지 않고 있다.

〈표 1-10〉에서 보는 바와 같이 신입사원(인턴 포함)을 채용하겠다는 글은 2008년과 2019년 각각 36건과 34건이며 경력사원을 채용하겠다는 글은 2008년과 2019년 동일하게 63건에 이른다. 경력사원 채용 글이 신입사원 채용 글에 비해 거의 2배 이상 많은 현상은 11년이 지났음에도 변하지 않는다. 경력사원을 더욱 신호하는 것은 별도의 교육 없이 현업에 즉시 투입해야만 하는 PR기업의 절박함(?)이 있기 때문이며, 이런 현상은 체계적인 사내교육 프로그램의 부실을 증명한다.

제도화된 프로그램의 부재를 대신 메우는 방법은 바로 '어깨너머 학습'이다. 고참 PR실무자의 곁에 앉아 고참이 하는 업무를 '알아서 혹은 요령껏' 배워나가는 것이다. 데이터 기반 PR을 기획하고 실행할 수 있는 신입사원이라면, 고참에게서 아쉬운 소리를 들을 필요 없이 과학적이며, 현실적인 PR을 할 수 있다. 사내교육 프로그램에 PR기업의 자원을 집중적으로 투입할 수 없는 현실에서 데이터 기반 PR이 일종의 대안적 교육 프로그램의 역할을 담당할 수 있다는 점에서 데이터 기반 PR은 PR기업에 반드시 필요하다.

데이터 기반 PR이 필요한 4가지 이유를 제시했다. 〈그림 1-16〉은 지금까지의 논의를 요약한다.

데이터 기반 PR이
왜 필요한가?

◆ PR기획 및 집행의 정당성 확보를 위해!
◆ PR기업 및 PR실무자 역량 평가의
   기준으로 활용하기 위해!
◆ PR 및 PR실무자의 위상 제고를 위해!
◆ 체계적인 사내교육 프로그램의
   부재를 극복하기 위해!

● 그림 1-16. 데이터 기반 PR이 필요한 4가지 이유

5장 PR기획과 PR전문가로 나아가기 위한 Must-reads

PR기획을 하기 위해서는 PR뿐만 아니라 인접 학문, 기초 학문, 유사 영역 등에 관한 이해가 필수적이다. 또 이들 분야에 관한 이해는 PR실무자, 더 나아가 PR전문가로 성장하기 위해서도 꼭 필요하다. PR의 정의를 떠올려보면 인접 학문, 기초 학문, 유사 영역을 왜 알아야 하는지 알 수 있다. 1장에서 제시한 것처럼 PR은 '조직에 영향을 미칠 수 있는 공중과의 관계를 상호 호혜적으로 관리함으로써 조직의 문제를 해결하는 과정'이다. 문제를 결과와 원인으로 나누어 규명할 수 있는 역량, 조직에 영향을 미칠 수 있는 공중은 다양하게 존재함을 인식하고 그런 공중을 파악할 수 있는 역량, 공중과의 관계를 관리하기 위한 트렌디한 전략·전술·메시지를 기획하고 실행할 수 있는 역량, 문제 해결 과정을 과학적으로 평가할 수 있는 역량 등은 PR기획과 PR전문가로 성장하기 위한 지적 토대이다.

〈표 1-11〉에서 PR기획과 PR전문가로 나아가기 위한 Must-reads를 PR개론, 연구방법론, 통계, 마케팅개론, 심리학개론, 정책학개론, 기업의 사회적 책임 및 공유가치창출, 메시지, 프로그램 등의 9개 부문으로 나누어 제시한다. 또 독자들의 학습 편의를 위해 국내 문헌과 외국 문헌을 함께 소개한다. 국내에 번역된 외국 문헌은 번역본을 제시한다. 〈표 1-11〉에 제시된 문헌들이 해당 부문의 최고의 문헌은 아닐 수도 있으며 필자가 '직접' 읽어본 도서들만 적시했으므로 해당 부문에서 더 뛰어난 문헌이 있을 수도 있음을 밝혀둔다.

● 표 1-11. PR기획을 위한 Must-reads 리스트

부문	언어	문헌
PR개론	국어	최윤희 (2008). 〈현대 PR론〉(3판). 서울: 나남. 김요한·이명천·송병원 (2018). 〈PR입문〉(개정판). 서울: 커뮤니케이션북스.
	외국어	Broom, G. M., & Sha, B. (2013). *Cutlip and center's effective public relations* (11th ed.). Upper Saddle River, NJ: Prentice-Hall. Newsom, D., Turk, J. V., & Kruckeberg, D. (2013). *This is pr: The realities of public relations* (11th ed.). Boston, MA: Wadsworth.
연구 방법론	국어	김경동 (2009). 〈사회조사연구방법〉. 서울: 나남. 채서일 (2016). 〈사회과학조사방법론〉(4판). 서울: 비앤엠북스.
	외국어	Babbie, E. R. (2016). *The practice of social research* (14th ed.). Boston, MA: Cengage Learning. Stacks, D. W. (2017). *Primer for public relations research* (3rd ed.). New York: Guilford Press.
통계*	국어	이학식·임지훈 (2017). 〈SPSS 24 매뉴얼〉. 서울: 집현재. 최현철 (2016). 〈사회과학 통계분석〉. 서울: 나남.
마케팅 개론	외국어	Kotler, P., & Keller, K. L. (2016). *Marketing management* (15th ed.). Boston, MA: Pearson. Kotler, P., & Armstrong, G. (2014). *Principles of marketing* (15th ed.). 안광호 외 역 (2015). 〈Kotler의 마케팅 원리〉. 서울: 시그마프레스. Keller, K. L. (2013). *Strategic brand management: Building, measuring, and managing brand equity* (4th ed.). 김준석 역 (2015). 〈전략적 브랜드 관리〉. 서울: 시그마프레스.
심리학 개론	외국어	Myers, D. G., & DeWall, C. N. (2015). *Psychology* (11th ed.). 신현정 외 역 (2015). 〈마이어스의 심리학〉. 서울: 시그마프레스.
정책학 개론	국어	노화준 (2012). 〈정책학원론〉. 서울: 박영사.
CSR 및 CSV	국어	배지양 (2015). 〈기업 사회공헌활동, CSR의 이해〉. 서울: 커뮤니케이션북스. 박흥수 외 (2014). 〈경영학회가 제안하는 공유가치창출 전략〉. 서울: 박영사.
	외국어	Porter, M., & Kramer, M. (2011). Creating shared value: How to reinvent capitalism – and unleash a wave of innovation and growth. *Harvard Business Review, January-February*, 62-77.
메시지	국어	류진한 (2012). 〈슬로건 창작의 기술〉. 서울: 한경사.
	외국어	Heath, C., & Heath, D. (2007). *Made to stick: Why some ideas survive and others die*. 안진환 외 역 (2007). 〈스틱: 뇌리에 착 달라붙는 메시지의 힘〉. 서울: 웅진윙스.
전략 및 전술	국어	최환진 외 (2016). 〈제일기획 출신 교수들이 직접 쓴 트리플미디어 마케팅과 광고기획〉. 서울: 중앙북스.
	외국어	橫山隆治 (2011). トリプルメディアマ-ケティング. 제일기획 역 (2011). 〈트리플 미디어 전략〉. 서울: 흐름출판.

* 제시한 문헌은 SPSS 패키지에 관한 것이지만, R, AMOS, SAS 등도 최근에는 많이 활용되는 통계패키지이다.

참고문헌

김수연·최명일 (2013). 〈1997년부터 2012년까지 PR연구 경향 분석〉. 한국PR학회 2013 기획세미나.

임은선 (2006). 계층분석과정(AHP): 선택의 기로에서 합리적으로 판단하기. 〈국토〉, 4월호, 128-135.

장택원 (2018). 〈고급통계방법론〉. 경산: 대구가톨릭대학교 출판부.

제일기획 (2019). 제일기획, 대한민국 총 광고비 결산 및 전망 발표. URL: http://blog.cheil.com/

최윤희 (2008). 〈현대 PR론〉 (3판). 서울: 나남.

최준혁 (2008). 〈실행이 탄탄해지는 PR기획〉. 서울: 청년정신.

최준혁 (2014). PR 기획. 한정호 외. 〈PR학 원론〉. 서울: 커뮤니케이션북스.

최준혁 (2016, 6월). 〈공공부문 제안요청서 분석을 활용한 PR Market IV에 관한 기술적 연구〉. 한국광고홍보학회
  봄철 정기학술대회. 제주: 해비치 호텔&리조트.

한국방송광고진흥공사 (2012). 〈2011 소비자행태조사 보고서〉. URL: https://adstat.kobaco.co.kr/

한국방송광고진흥공사 (2013). 〈2012 소비자행태조사 보고서〉. URL: https://adstat.kobaco.co.kr/

한국방송광고진흥공사 (2014). 〈2013 소비자행태조사 보고서〉. URL: https://adstat.kobaco.co.kr/

한국방송광고진흥공사 (2015). 〈2014 소비자행태조사 보고서〉. URL: https://adstat.kobaco.co.kr/

한국방송광고진흥공사 (2016). 〈2015 소비자행태조사 보고서〉. URL: https://adstat.kobaco.co.kr/

한국방송광고진흥공사 (2017). 〈2016 소비자행태조사 보고서〉. URL: https://adstat.kobaco.co.kr/

한국방송광고진흥공사 (2018). 〈2017 소비자행태조사 보고서〉. URL: https://adstat.kobaco.co.kr/

한국방송광고진흥공사 (2019). 〈2018 소비자행태조사 보고서〉. URL: https://adstat.kobaco.co.kr/

황성욱·최창식·이은순·이종혁 (2018, 12월). 〈이론 발전의 토대인 PR산업의 동향은 어떠한가?〉. 한국PR학회
  가을철 정기학술대회 PR이론 연구회. 서울: 한국외국어대학교.

KPR소셜커뮤니케이션연구소 (2016). 〈2016 소셜미디어 운영 현황 및 트렌드 조사〉. URL: http://www.
  kpr.co.kr/

Broom, G. M., & Sha, B. (2013). *Cutlip and center's effective public relations* (11th ed.). Upper Saddle
  River, NJ: Prentice-Hall.

Dozier, D. M., Grunig, L. A., & Grunig, J. E. (1995). *Manager's guide to excellence in public relations
  and communication management.* Mahwah, NJ: Erlbaum.

Fleisher, C. S., & Bensoussan, B. E. (2002). *Strategic and competitive analysis: Methods and techniques
  for analyzing business competition.* 강영철 외 역 (2003). 〈전략·경쟁 분석: 비즈니스 경쟁분석을 위한
  방법론 및 테크닉〉. 서울: 3mecca.

Haggerty, J. (2003). *In the court of public opinion: Winning your case with public relations.* 최준혁 외
  역 (2006). 〈여론의 법정에서: 소송 PR의 활용〉. 서울: 커뮤니케이션북스.

Hasnas, J. (1998). The normative theories of business ethics: A guide for the perplexed. *Business Ethics*

Quarterly, 8(1), 19-42.

Kotler, P., & Armstrong, G. (2014). *Principles of marketing* (15th ed.). 안광호 외 역 (2015). 〈Kotler의 마케팅 원리〉. 서울: 시그마프레스.

Kotler, P., & Keller, K. L. (2016). *Marketing management* (15th ed.). Boston, MA: Pearson.

Lattimore, D., Baskin, O., Heiman, S. T., & Toth, E. L. (2012). *Public relations: The professions and the practice* (4th ed.). New York: McGraw-Hill.

Lerbinger, O. (2005). *Corporate public affairs: Interacting with interest groups, media, and governments.* Mahwah, NJ: Routledge.

Public Relations Society of America (2012). About public relations. Retrieved from https://www.prsa.org/

Richards, D. C. (2003). Corporate public affairs: Necessary cost or value-added asset. *Journal of Public Affairs, 3*(1), 39-51.

Robbins, S. P., & Coulter, M. (2016). *Management* (13th ed.). Boston, MA: Pearson.

USC Center for Public Relations (2018). *2018 Global communications report.* Retrieved from http://annenberg.usc.edu/

Wheelen, T. L., & Hunger, J. D. (2003). *Essentials of strategic management* (3rd ed.). Upper Saddle River, NJ : Prentice Hall.

木下榮藏 & 大屋隆生 (2007). 戰略的意思決定手法 AHP. 권재현 역 (2012). 〈전략적 의사결정기법 AHP〉. 서울: 청람.

2부

데이터의 유형과
확보방안

Data-driven Public Relations Planning

2부에서는 데이터 기반 PR의 요체인 데이터를 구체적으로 살펴본다. 각각의 데이터가 지닌 장점뿐만 아니라 단점까지도 살펴보고 단점을 극복하기 위해서는 다른 유형의 데이터를 함께 활용하는 혼합적 연구방법이 필요함을 강조한다.

1장 데이터의 정의와 유형

1. 데이터의 정의와 유형

데이터란 근거를 의미한다. PR실무자의 감과 개인적 경험을 기반으로 하는 근거가 아니라 과학적이며 (가급적) 통계적인 절차를 거쳐 확보한 근거를 의미한다. 또한 데이터는 공유하는 이의 공감과 동의를 얻을 수 있는 보편적인 근거를 의미한다.

'지난달에 내가 이 전기면도기를 사용해 봤는데 굉장히 편하더라'는 데이터가 아니다. 이는 '나'에게만 적용할 수 있는 주관적인 데이터에 불과하지 누구에게나 적용할 수 있는 보편적인 데이터는 아니다. 지난달에는 편리함을 제공하는 전기면도기였는지 모르지만 이번 달에는 혹 다음 달에는 불만족스러운 면도기일 수도 있다. 또한 나에게는 편리한 면도기이었지만 다른 사람에게는 그다지 편리하지 않은 것일 수도 있다.

'지난달에 내가 이 전기면도기를 사용해 봤는데, 굉장히 편하더라'가 온전한 데이터, 즉 신뢰도와 타당도가 높은 데이터가 되려면 이번 달에 내가 사용했을 때도, 또 내 친구가 사용했을 때도 항상 편해야 하고, 내가 이 면도기를 만족스럽게 생각하는 이유와 내 친구가 이 면도기를 만족스럽게 생각하는 이유가 동일해야 한다.

양적 데이터(quantitative data):
수치화가 가능한 데이터

수치화가 가능한가?

질적 데이터(qualitative data):
수치화가 불가능한 데이터

데이터

신규 데이터(new data):
PR실무자가 직접 개발한 데이터

누가 개발했는가?

기존 데이터(existing data):
다른 연구자가 개발한 데이터

● 그림 2-1. 데이터의 분류

이렇듯 단순한 면도기 하나를 친구에게 소개해 줄 때도 나의 추천이 나름의 신뢰도와 타당도가 있어야 하듯이 PR기획이나 컨설팅의 제안에도 반드시 신뢰도와 타당도가 있어야 한다. 그 근거를 이 책에서는 데이터라 부른다.

데이터의 종류에 대해 살펴보자. 관찰 혹은 측정의 결과(즉, 데이터)를 수치화할 수 있는지의 여부에 따라 양적 데이터(quantitative data: 수치화가 가능한 데이터)와 질적 데이터(qualitative data: 수치화가 불가능한 데이터)로 나눌 수 있다.

또 데이터를 PR실무자가 직접 개발했는지 혹은 다른 연구자가 개발한 데이터인지에 따라 신규 데이터(new data: PR실무자가 직접 개발한 데이터)와 기존 데이터(existing data: 다른 연구자가 개발한 데이터)로 분류할 수 있다.

〈그림 2-1〉은 데이터의 종류를 설명하고 있다.

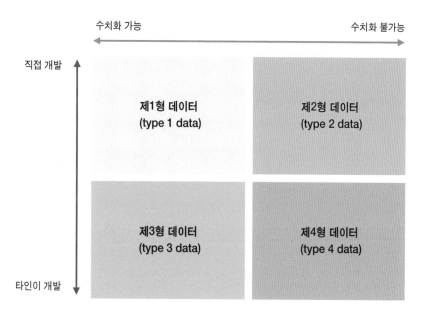

● 그림 2-2. 데이터의 4대 유형

데이터를 수치화 여부와 개발 주체를 두 축으로 해서 4분면(쿼드런트)으로 나타내면 〈그림 2-2〉와 같다.

제1형 데이터(type 1 data)는 PR실무자가 특정한 PR기획이나 컨설팅을 위해 스스로 개발한 데이터로서 수치화된 것을 의미하며 제2형 데이터(type 2 data)는 PR실무자가 특정한 PR기획이나 컨설팅을 위해 스스로 개발한 데이터로서 수치화할 수 없는 것을 의미한다. 제3형 데이터(type 3 data)는 다른 연구자가 이미 개발한 데이터 중에서 수치화되어 있는 것을 의미하며 제4형 데이터(type 4 data)는 다른 연구자가 이미 개발한 데이터 중에서 수치화가 되어 있지 않은 것을 의미한다.

다음 장에서 데이터의 각 유형에 대해 좀 더 자세히 살펴본다.

2. 좋은 데이터가 되기 위한 2가지 조건, 신뢰도와 타당도

측정도구가 얼마나 우수한지를 평가하는 개념인 신뢰도와 타당도를 이해하려면 관찰 혹은 측정을 먼저 이해할 필요가 있다. 관찰(observe, 명사형은 observation)은 우리가 어릴 때부터 많이 해온 행위이다. 개미 떼가 조그만 음식 부스러기를 이리저리 분주하게 옮기는 모습을 지켜보는 것, 하늘에 떠 있는 구름의 모양과 움직이는 속도를 지켜보는 것 등이 바로 관찰이다. 이런 경우의 관찰의 대상은 눈에 보이는 것들, 만질 수 있는 것들로 이른바 실재하는(tangible) 것들이다. 우리는 일상의 삶에서 이미 수많은 관찰을 실행해 오고 있다. 측정(measure, 명사형은 measurement)은 바로 관찰과 같은 말이다. 우습게 이야기하자면 과학자들은 자신들의 공동체에서만 쓰이는, 보통의 사람들과는 다른 언어로 무엇인가를 표현하기를 좋아하는 경향이 있다. 그래서 관찰이라는 개념보다 측정이라는 개념을 자주 쓰지만, 이 두 개념은 같은 것이다.

도구에 대해서도 설명해 보자. 관찰에는 도구가 필요하다. 개미를 관찰할 때, 구름을 관찰할 때, 사람의 체중이나 키를 관찰할 때 우리는 돋보기, 망원경, 체중계, 신장계 등의 도구를 활용한다. 눈에 보이는, 즉 실재하는 대상을 관찰할 때 우리는 이와 같은 다양한 도구를 활용한다. 그런데 사회과학자들은 눈에 보이지 않는, 추상적인 것들도 관찰할 수 있다고, 즉 측정할 수 있다고 믿는다. 예를 들어 사랑, 개성, 브랜드자산, 공중관계성 등은 눈으로 볼 수도, 손으로 만질 수도 없는 추상적인 것들이지만 사회과학자들은 이런 것들을 측정한다. 체중을 관찰할 때 체중계라는 도구를 활용하듯이 눈에 보이지 않는 추상적인 개념들을 관찰할 때 쓰는 도구가 있는데, 이런 추상적 개념의 관찰도구를 사회과학자들은 척도(scale)라고 한다. 사회과학연구방법론을 공부하다 보면 '척도'라는 개념을 자주 만나게 되는데 이 척도는 바로 관찰도구 혹은 측정도구(measurement tool)를 일컫는 말이다.

신뢰도와 타당도는 지금까지 설명한 측정도구가 얼마나 우수한지를 평가하는 기준이다. 신뢰도(reliability)란 동일한 방법과 절차를 따를 경우, 누가 관찰(측정)하더라도 같은 결과가 나오는지의 여부를 말하며, 타당도(validity)란 처음 관찰하려고 했던 현상을 실제로 관찰했는지의 여부이다.

준혁이라는 친구의 몸무게가 얼마인지 맞히는 경우를 생각해 보자. 홍림, 광석, 두 사람에게 준혁의 몸무게를 짐작해 보라고 요청한다. 홍림은 70kg이라고 추정하고 광석은 80kg이라고 추정하는데, 이 경우에 홍림과 광석이 활용한 측정도구는 '눈대중'으로, 사람마다 추정치가 이렇게 다르게 나오는 '눈대중'이라는 도구는 전혀 신뢰할 수 없다고 판단할 수 있다.

그 대신에 측정도구로 체중계를 이용해 보자. 체중계에 2번, 3번 올라서고 각 경우의 체중을 확인한다. 여러 번 올라가더라도 체중계는 동일한 수치를 보여줄 것이고, 체중을 눈대중으로 추측하는 것보다 체중계로 재는 것이 더 신뢰할 만한 기법이라는 것을 알게 될 것이다. 그래서 체중계는 몸무게를 재는 데 신뢰할 만한(reliable) 측정도구라고 말할 수 있다.

타당도도 쉽게 설명해 보자. 준혁의 몸무게를 측정하는 경우를 다시 생각해 보자. '눈대중'이라는 측정도구가 지닌 낮은 신뢰도 때문에 홍림과 광석은 이번에는 물리적 도구의 힘을 빌리고자 한다. 그래서 신장계를 갖고 와 준혁의 몸무게를 측정한다. 이 경우의 신장계는 타당도가 낮은 측정도구이다. 애초에 관찰 혹은 측정하려고 했던 대상, 즉 몸무게를 정확하고 적합하게 측정하는 데 있어서 신장계는 전혀 타당한(valid) 도구가 아니다.

척도는 추상적인 개념을 관찰하는 데 활용하는 도구이다. 척도가 우수한지, 적절한지를 판정하는 기준을 신뢰도와 타당도라 한다. 데이터 기반 PR의 핵심 개념인 데이터란 신뢰도와 타당도가 높은 측정도구를 활용해 확보한 근거를 의미한다.

3. 혼합적 연구방법과 효과적인 PR리서치를 위한 합리적 절차1

　사회과학연구방법론에서 혼합적 연구방법(mixed methods research)이 주목을 끌고 있다. 질적 형식과 양적 형식을 결합하거나 연합시켜 현상을 탐구하는 접근인 혼합적 연구방법이 사회과학과 행동과학의 다양한 영역에서 채택되고 있다(Creswell, 2009; Teddie & Tashakkori, 2009).

　혼합적 연구가 사회과학 및 행동과학 연구에서 주목받으면서 여러 연구자가 혼합적 연구에 관심을 갖게 되었으며, 여러 학자가 혼합적 연구의 정의를 제시하고 있다. 타샤코리와 테디(Tashakkori & Teddie, 2003)는 연구문제, 연구방법, 자료수집, 분석절차 및 도출에서 질적과 양적 접근을 취하는 연구설계로 규정한다. 타샤코리와 크레스웰(Tashakkori & Creswell, 2007)은 *Journal of Mixed Methods Research*의 창간호에서 혼합적 연구를 "단일 연구나 조사 프로그램에서 질적인 접근과 양적인 접근을 함께 활용해 자료를 수집하거나 분석하고, (이 두 접근법의) 결과를 통합해 추론을 이끌어내는 연구"로 설명한다(p. 207). 존슨, 온웨그버지, 그리고 터너(Johnson, Onwuegbuzie, & Turner, 2007)는 혼합적 연구에 관한 18명의 학자의 정의를 수렴해 혼합적 연구를 "이해와 확증의 폭과 깊이를 확장하기 위해 연구자 개인 혹은 팀을 이룬 연구자들이 관점, 자료수집·분석·추론기법에 관한 질적인 연구방법과 양적인 연구방법의 요소들을 결합하는 연구의 유형"으로 정의 내린다(p. 123).

　타샤코리와 크레스웰(2007)의 혼합적 연구방법에 관한 정의를 PR기획 영역으로 받아들여 표현하자면 혼합적 연구방법은 조직의 문제를 해결하기 위한 PR을 실행하기 위해 질적인 접근과 양적인 접근을 활용해 자료를 수집 및

1 이 부분은 최준혁(2014)의 '이론적 논의'를 요약했음을 밝힌다.

분석하며, 그 결과를 통합해 문제, 문제의 원인, 문제의 결과 등을 규명하는 데 활용하는 연구방법이라 할 수 있다. 데이터 기반 PR의 가치, 중요성이 점증하고 있는 오늘날의 PR산업 트렌드에서 PR실무자들에게 꼭 필요한 연구방법론이다.

한편 질적인 접근과 양적인 접근의 혼합을 의미하는 또 다른 개념으로 삼각측량법(triangulation methods)이 있다. 삼각측량법이란 원래 삼각형 한 변의 길이와 그 양쪽의 각을 알면 남은 변의 길이를 계산해 내는 수학공식을 이용해 평면위치를 결정하는 측량법을 의미한다(Frey, Botan, & Kreps, 2000). 이 개념을 사회과학연구방법에 적용해 하나의 현상을 객관적·입체적으로 관찰하기 위해 어느 한 연구방법에만 의지하지 않고, 3가지 이상의 방법을 동시에 활용해 자료를 수집하는 방식을 삼각측량법이라 한다(Denzin, 1978; 프레이와 보탄, 그리고 크렙스, 2000; Jick, 1979).

혼합적 연구방법과 삼각측량법 모두 특정한 연구방법만을 고집하지 않고 여러 연구방법을 활용할 때 관찰의 질을 높일 수 있다는 것을 전제한다는 점에서 그 취지와 목적은 크게 다르지 않다. 따라서 이 책에서는 측량 및 건축 관련 논문에서도 자주 사용되어 PR연구자 및 실무자에게 혼란을 줄 수도 있는 '삼각측량법'이라는 용어 대신, '혼합적 연구방법'을 사용한다.

2장 제1형 데이터

제1형 데이터란 PR실무자가 특정한 PR기획이나 컨설팅을 위해 스스로 개발한 데이터로서 수치화된 것을 가리킨다. 즉 내용분석, 서베이 등을 활용해 관찰한 결과를 숫자로 표현할 수 있는 데이터이다.

1. 내용분석

내용분석은 조직, 브랜드, 그 외 특정 대상 등에 관한 언론의 보도, 소셜미디어(페이스북, 블로그, 트위터, 온라인 커뮤니티 등)의 멘션이나 포스트 등에 나타나는 특정한 패턴을 발견하는 연구방법이다. 이런 패턴 관찰의 궁극적 목적은 문제의 후보군 파악이다. 1부에서 PR을 문제의 해결 과정으로 정의하면서 문제의 후보군 파악으로부터 PR기획은 시작한다고 강조했다. 언론이나 소셜미디어에서 우리 조직, 브랜드, 서비스, 정책 등을 다룰 때, 주로 어떤 주제로 다루는지를 파악해야 하는데, 이런 주제가 바로 문제의 후보군에 해당한다.

먼저 언론보도 분석[2]을 활용해 제1형 데이터를 확보하는 경우를 살펴보자. 새로운 고객사[3]로부터 PR실행이나 컨설팅을 의뢰받을 경우, 우선 언론에서 고객사를 어떻게 묘사하고 있는지를 조사하게 된다. 이런 조사를 통해 고객

---

[2] 언론보도 분석은 사회과학연구방법론에서 말하는 내용분석(content analysis)에 해당한다. 내용분석은 다시 질적 내용분석(qualitative content analysis)과 양적 내용분석(quantitative content analysis)으로 나눌 수 있는데, 제1형 데이터는 양적 내용분석을 활용해 획득하는 것이다. 내용분석의 구체적 절차와 기능에 관해서는 사회과학연구방법론 서적들을 참조할 것을 권한다.

[3] PR실무자는 PR기업뿐만 아니라 인하우스에도 있지만, 논의의 편의를 위해 다음부터는 PR기업의 실무자가 PR기획을 하는 경우를 가정해 서술한다.

〈PR Tip 2-1〉 내용분석(언론보도 분석)이란 무엇인가?

1. 정의

커뮤니케이션 내용을 서술하거나 커뮤니케이션 내용의 의미에 대한 추론을 도출하거나 혹은 커뮤니케이션 내용을 통해 그것의 제작 및 소비의 상황을 추론하기 위해 통계적 방법을 사용해 타당한 측정 규칙에 따라 수치를 부여하는 체계적이며 반복 가능한 커뮤니케이션 상징(symbol)에 대한 조사이자 그러한 수치를 수반하는 관계에 대한 분석을 말한다(Riffe, Lacy & Fico, 2005).

2. 절차(Wimmer & Dominick, 1994)

1) 연구의 주제나 가설을 공식화해 볼 것
2) 해당되는 모집단을 정의해 볼 것
3) 모집단에서 적절한 표본을 선정할 것
4) 분석단위를 선정하고 정의해 볼 것
5) 분석할 내용의 유목을 구성해 볼 것
6) 수량화 체계를 정립할 것
7) 신뢰도를 확보하기 위해 예비조사를 실시할 것
8) 내려진 정의에 따라 내용을 코드화할 것
9) 수집된 자료를 분석할 것
10) 결론을 내리고 어떠한 암시가 있는지를 찾아볼 것

사의 언론홍보 활동에 대한 평가와 그 평가를 바탕으로 고객사가 앞으로 개선해야 할 점을 제안할 수 있다.

3대 중앙일간지(〈조선일보〉, 〈중앙일보〉, 〈동아일보〉)와 지상파방송, 〈오마이뉴스〉와 같은 인터넷 언론이 고객사의 브랜드, 서비스, 정책 등을 어떻게 묘사하고 있는지 혹은 이들 기사의 핵심 메시지가 무엇인지를 언론보도 분석

〈PR Tip 2-2〉 프레임(frame)이란 무엇인가?

프레임은 언론학, 심리학, 언어학 등 다양한 분야에서 다루는 개념으로 학문 영역에 따라 조금씩 다른 방식으로 정의된다. 언론학에서 프레임은 뉴스를 중심으로 한 매스커뮤니케이션 과정 측면에서 정의된다. 즉, 뉴스 속에 재구성된 현실의 틀을 의미한다. 구체적으로 기틀린(Gitlin)은 프레임을 "현실에 대한 인식, 해석, 제시, 선택, 강조, 배제 등의 수단을 지속적으로 패턴화해 언어 또는 영상 담론을 조직한 것"이라고 정의했다. 드브리즈(deVreese)는 더 간결하게 "(하나의 이슈와 관계된) 여러 사건을 연결해 의미를 부여하고 조직화하는 핵심적인 아이디어 또는 스토리라인"을 프레임으로 정의했다(이동훈·김원용, 2012). 즉, 프레임을 단순하게 보면 기사를 제시하는 방식 혹은 포장방식이라고 할 수 있다(한국언론재단, 2002).

언론조직은 '프레임'에 의해 업무처리의 효율성을 높이는 한편 정보를 선택하고 전달하는 과정에서 특정한 의미를 생성할 수 있다. 따라서 어떤 프레임으로 어떻게 제작하는가에 따라 뉴스는 현실을 다르게 구성한다. 정보를 선택하고 전달하는 과정에서 뉴스 프레임은 인지된 현실의 어떤 측면을 선택, 부각시키는 방식을 통해 특정한 사안에 대한 정의를 내리고, 해석하고, 도덕적 평가를 내리며, 해결방안을 제시하는 데 영향을 미칠 수 있다(Entman, 1993).

을 실시함으로써 파악할 수 있다. 또 이들 기사를 몇 개의 특정한 주제에 의해서 분류할 수 있는데, 이때 분류에 활용된 주제가 바로 문제의 후보군이 될 수 있다. 이 외에도 내용분석을 활용해 파악할 수 있는 항목4에는 여러 가지가 있다. 예를 들어 언론의 기사가 고객사를 우호적·중립적·부정적으로 묘사하

---

4 사회과학연구방법론에서는 이 '항목'을 분석유목(category of analysis)이라 부른다. 이런 항목에 대해서는 사람에 따라 그 의미의 해석이 다를 수 있기 때문에 유목의 개념을 명확히 규정짓는 작업이 반드시 선행되어야 한다.

고 있는지, 언론의 기사가 고객사가 신뢰할 만한 혹은 신뢰하지 못할 대상으로 묘사하고 있는지, 고객사가 변화와 혁신에 대해 적극적·소극적인 자세를 보이고 있는지, 또한 고객사가 언급되는 기사에서는 어떤 프레임이 사용되는지, 사진 혹은 동영상의 첨부(링크) 여부, 월별 혹은 분기별 건수 등이 있을 수 있다. 이 항목들은 소셜미디어 분석에서도 동일하게 활용할 수 있다. 다만 주의할 점은 예를 든 항목들을 반드시 채택해야 한다는 것은 아니다. 언론보도 분석을 하는 이유, 취지, 목적 등에 따라 항목은 달라져야 한다.

언론보도 분석을 하기 위해서는 우리 조직, 브랜드, 서비스, 정책 등에 관한 언론보도를 수집해서 분류해 주는 검색엔진(search engine)이 필요한데, 네이버의 뉴스검색 기능을 활용하면 된다.[5] 네이버의 뉴스검색 기능에서 '검색 옵션'을 클릭하면, 특정 기간 검색, 기사 유형별 검색(전체, 동영상, 포토, 지면기사, 보도자료 등), 언론사별 검색, 상세검색 등을 활용할 수 있다.

〈그림 2-3〉은 문구업체인 모나미에 관한 일반적인 뉴스 검색결과 화면으로 관련 기사가 8907건임을 알 수 있다. 그런데 이 업체가 만년필을 출시하면서 자사의 만년필에 관한 언론의 반응만을 분리해서 살펴보거나 만년필 관련 경쟁업체와 함께 다루어진 기사만을 살펴보고 싶다면, '검색옵션'과 '상세검색' 기능을 활용하면 된다. 〈그림 2-4〉는 모나미에 관한 기사 중에서 '만년필'에 관한 기사만을 보여주는 화면으로 이들 기사를 분석함으로써 모나미가 새롭게 뛰어든 만년필시장에서는 어떻게 묘사되고 있는지를 파악할 수 있다. 〈그림 2-5〉는 만년필에 관한 기사 중에서 모나미와 경쟁업체인 라미(LAMY)가 함께 언급된 기사만을 보여준다.

---

5 필자의 공저인 〈정책 PR론〉의 내용분석 설명에서는 한국언론진흥재단이 제공하는 기사통합검색 서비스인 빅카인즈(KINDS, http://www.kinds.or.kr/)를 검색엔진으로 소개했지만, 빅카인즈에서 검색할 수 있는 언론의 수가 점점 줄어들고 있는 점을 고려해 네이버로 검색할 것을 추천한다.

모나미

통합검색　뉴스　이미지　쇼핑　블로그　지도　어학사전　카페　더보기·　검색옵션 ∧

정렬·　기간·　영역·　유형·　언론사·　기자명·　옵션유지 켜짐 꺼짐　상세검색·

연관검색어 ?　모나미 153 한정판　모나미 볼펜　모나미몰　모나미 채용　모나미 뜻　신고 ✕
　　나뚜루 아이스크림　모나미 153 diy　모나미 컨셉스토어　모나미 삼성　더보기·

뉴스　1-10 / 8,907건　뉴스검색 가이드

✓관련도순 · 최신순 · 오래된순　검색결과 자동고침　시작 ▶

나뚜루, 이달 말까지 '모나미 153 아이스크림팩' 1만원에 판매
스포츠경향　16분 전　네이버뉴스 ⧉
나뚜루는 이달 말까지 '모나미 153 아이스크림팩'을 1만원에 판매한다. '모나미 153 아이스크림 팩'은 3가지 맛의 아이스크림을 즐길 수 있는 멀티플컵과 모나미에서 출시한 다섯 가지 아이스크림 맛을 표현한...

朴 '동전의 양면' 이재용 뇌물죄 동시 방어 이어가 메트로신문　1시간 전 ⧉
우선 최명진 모나미 승마단 감독의 아들이 해외 훈련을 제안받았다는 내용의 녹취록을 꺼내 들었다. 녹취록은 지난 5월 이재용 삼성전자 부회장의 공판에서 삼성 측에 유리하게 진행된 증인신문 내용이 담겼다. 당시 최...

모나미, 3000원대 입문용 만년필 출시 한국경제　6시간 전　네이버뉴스 ⧉
모나미가 3000원대 입문용 만년필(사진 모델명 '올리카 EF')를 7일 내놨다. '올리카 EF'는 지난해 출시돼... 작은 글자도 세밀하게 쓸 수 있어 캘리그라피나 꾸미기 작업 등에 최적화됐다고 모나미측은 설명했다....

"얇은 펜촉 적용" 모나미, '올리카 EF' 만년필 출시
아시아경제　1일 전　네이버뉴스 ⧉
세밀한 필기 가능한 'Extra Fine' 촉 적용 선명하고 다양한 10가지 색상으로 선보여 [모나미는 7일 입문용... 신제품은 모나미 컨셉스토어 전 지점과 모나미몰, 전국 문구 판매점에서 구매 가능하다. 모나미 관계자는 "이번...

　└ **모나미, 얇은 펜촉 적용한 신제품** '···　이데일리　1일 전　네이버뉴스
　└ **모나미 입문용 만년필 '올리카 EF'···**　파이낸셜뉴스　1일 전　네이버뉴스
　└ **모나미, 얇은 펜촉 적용한 신제품 '···**　매일경제　1일 전　네이버뉴스
　└ **모나미, 입문자용 만년필 '올리카 EF'···**　매일일보　1일 전
관련뉴스 5건 전체보기〉

● 그림 2-3. '모나미'에 관한 일반적인 뉴스 검색결과 화면

NAVER | 모나미 +만년필 | [검색]

통합검색　블로그　카페　지식iN　이미지　동영상　어학사전　｜　뉴스　더보기 ·　검색옵션 ∧

정렬▾　기간▾　영역▾　유형▾　언론사▾　기자명▾　옵션유지 깨짐 [켜짐]　상세검색▾

'모나미'에 대한 검색결과 중 '만년필'을 포함한 상세검색 결과입니다. 일반검색 결과보기

뉴스 1-10 / 137건　　　　　　　　　　　　　　　　뉴스검색 가이드

✔관련도순 · 최신순 · 오래된순　　　　　　　　　검색결과 자동고침　시작 ▶

<u>모나미, 3000원대 입문용 만년필 출시</u> 한국경제　7시간 전　네이버뉴스 ☐
모나미가 3000원대 입문용 만년필(사진 모델명 '올리카 EF')를 7일 내놨다. '올리카 EF'는
지난해 출시돼 인기를 끈 올리카 만년필에 얇은 EF 펜촉을 적용한 신제품이다. 작은 글자도
세밀하게 쓸 수 있어...

"얇은 펜촉 적용" 모나미, '올리카 EF' 만년필 출시
아시아경제　1일 전　네이버뉴스 ☐
세밀한 필기 가능한 'Extra Fine' 촉 적용 선명하고 다양한 10가지 색상으로 선보여 [모나
미는 7일 입문용 만년필 '올리카 EF'를 출시한다고 밝혔다. 올리카 EF는 지난해 출시해 큰
인기를 끌었던 올리카 만년필에 얇은...
　└ 모나미, 얇은 펜촉 적용한 신제품 ... 이데일리　1일 전　네이버뉴스
　└ 모나미 입문용 만년필 '올리카 EF' 파이낸셜뉴스　1일 전　네이버뉴스
　└ 모나미, 얇은 펜촉 적용한 신제품 ... 매일경제　1일 전　네이버뉴스
　└ 모나미, 얇은 펜촉 적용한 신제품 ... 아크로팬　22시간 전
관련뉴스 6건 전체보기 ▶

"프리미엄 라인 강화" 하반기 필기구 시장 키워드 '고급화'
아시아경제　2017.07.16.　네이버뉴스 ☐
모나미 '153 네오 밀키' 하반기 필기구 업계의 시장 대응 전략은 '프리미엄 라인 강화'로 요
약된다. 1만원... 라미는 앞서 룩스 라인의 만년필을 먼저 한국 시장에 선보였다. 이 제품이
큰 인기를 얻으며 볼펜 ·수성펜도...

[조경란의 사물 이야기] 볼펜
동아일보　A34면1단　2017.06.14.　네이버뉴스 ☐
처음 읽을 때는 연필로, 두 번째는 녹색 하이테크 포인트 펜으로, 세 번째는 모나미 153 빨
간색 볼펜으로... 만년필에서 잉크가 자주 새어나와 불편을 겪던 그는 어느 날 카페에서 어
떻게 하면 잉크가 새지 않고 종이에...

● **그림 2-4. '모나미'의 만년필에 관한 상세검색결과 화면**

모나미 +라미

통합검색 블로그 카페 지식iN 이미지 동영상 어학사전 **뉴스** 더보기 · 검색옵션 ^

정렬 · 기간 · 영역 · 유형 · 언론사 · 기자명 · 옵션유지 꺼짐 켜짐 · 상세검색 ·

'모나미'에 대한 검색결과 중 '라미'를 포함한 상세검색 결과입니다. 일반검색 결과보기

뉴스   1-10 / 70건   뉴스검색 가이드

✔관련도순 · 최신순 · 오래된순   검색결과 자동고침 시작 ▶

"프리미엄 라인 강화" 하반기 필기구 시장 키워드 '고급화'
아시아경제   2017.07.16.   네이버뉴스 ☑
모나미는 하반기 역시 올해 출시된 153 밀키(1만원), 153 골드(5만원), 153 지오메트릭(1만8000원) 등 고급 펜 판매에 집중한다는 계획이다. **라미** '룩스(Lx)' 볼펜과 수성펜 독일 필기구 브랜드 **라미**는 '라미' 디자인 50주년'을...

금테 두른 모나미 볼펜, 5만원 고가에도 불티
중앙일보   □E6면1단   2017.05.10.   네이버뉴스 ☑
독일 **라미**는 3만~5만원대 펜인 '사파리'의 인기에 힘입어 지난해 2배 성장했다. 신동호 **모나미** 마케팅팀장은 "특정 분야에서 고급스러운 소비를 하는 소비 양극화 현상이 문구시장에도 나타나고 있다"며...

"5만원 넘는 고급 볼펜 잘 팔려요" 중앙일보   2017.05.09.   네이버뉴스 ☑
독일 **라미**는 3만~5만원대 고급 펜인 '사파리'의 인기에 힘입어 지난해 2배 성장했다. 신동호 **모나미** 마케팅팀장은 "불황이 장기화하며 특정 분야에서 고급스러운 소비를 하는 소비 양극화 현상이 문구시장에도...

대통령이 즐겨 쓴 펜은... 노무현 전 대통령은 '모나미'
한국경제   2017.05.04.   네이버뉴스 ☑
독일 만년필 브랜드 **라미**가 지난 2월 스타필드 하남에서 한정판으로 선보인 '룩스'는 이틀만에... '서민 대통령'이라는 이미지처럼 고가의 만년필 대신 300원 짜리 '**모나미** 플러스펜'으로 서류를 결재했습니다....

"스스로 당당해야 더 즐겁죠" 한겨레   2017.04.27.   네이버뉴스 ☑
2003년 생일선물로 독일의 **라미** 만년필을 받고 나서다. 어릴 때 아버지가 써왔던 만년필에 대한 추억도... 한국에서 스테디셀러인 **모나미**가 최근 기본 디자인은 살리면서, 소재를 고급화한 프리미엄 라인을 내놓기...

5만원짜리 볼펜 '153 골드' 한달새 1만자루 팔려
한국경제   □A16면1단   2017.04.10.   네이버뉴스 ☑
뉴스카페 필기구시장 프리미엄 바람 **모나미**, 신제품 확대 계획 파카는 단독매장 수 늘려 [이우상 기자]... 5만~10만원대로 가격접근성이 뛰어나 만년필 입문자 사이에서 인기를 끌고 있는 독일 브랜드 **라미**는 제품군...

● **그림 2-5. '모나미'와 경쟁업체 '라미'에 관한 상세검색결과 화면**

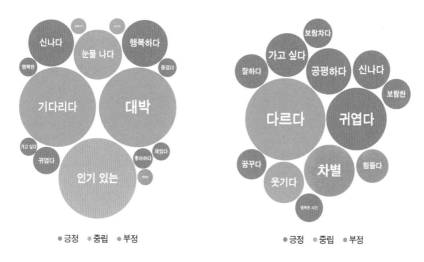

● 긍정 ● 중립 ● 부정　　　　● 긍정 ● 중립 ● 부정

● 그림 2-6. 썸트렌드를 활용한 에버랜드와 롯데월드의 감성 분석 비교

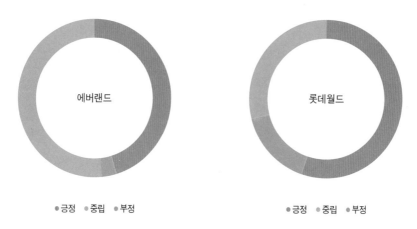

● 긍정 ● 중립 ● 부정　　　　● 긍정 ● 중립 ● 부정

● 그림 2-7. 썸트렌드를 활용한 에버랜드와 롯데월드의 긍정 · 부정 상세 분석 비교

최근에는 소셜미디어에서 특정 조직, 브랜드, 정책 등에 관해 어떤 논의가 오가는지를 파악하는 내용분석을 실행함으로써 제1형 데이터를 확보하기도 한다. 소셜미디어에서 표출되고 있는 타겟들의 인식, 태도, 행동(의도) 등을 관찰하는 데 유용한 분석도구가 있다. 썸트렌드(http://some.co.kr/), 버즈서모(https://buzzsumo.com/), 라이크얼라이저(http://likealyzer.com/) 등이 대표적인 분석도구인데, 대개 최근 한 달 이내 포스트나 멘션만 무료로 검색해 주며 전체 기간 검색은 별도의 금액을 지불해야 하며 회원 가입을 해야 하는 불편함이 있을 수 있다.

〈그림 2-6〉과 〈그림 2-7〉은 썸트렌드를 활용해 에버랜드와 롯데월드의 트위터, 블로그, 인스타그램 등의 게시물을 감성적 연관어를 기준으로 비교한 결과와 긍정·부정 상세 분석결과를 각각 보여주는데, 에버랜드가 롯데월드에 비해서 우호적으로 묘사되고 있음을 보여준다. 이 분석을 통해 롯데월드의 PR담당자는 경쟁업체에 비해 자사가 소셜미디어에서 부정적으로 언급되고 있음을 인식할 수 있으며, 기존의 소셜미디어를 활용한 브랜드관리의 문제점을 파악해야 하며, 소셜미디어를 활용한 브랜드관리 활동을 새롭게 전개할 필요가 있음을 알 수 있다.

〈그림 2-8〉은 페이스북 페이지 활동의 성과(performance)를 다양한 지표를 활용해 분석하는 라이크얼라이저의 첫 화면이다. 〈표 2-1〉은 라이크얼라이저를 활용해 에버랜드, 롯데월드, 한국민속촌의 페이스북 페이지 활동의 최근 1년간 성과를 비교한 결과이다. 콘텐츠 유형에서는 롯데월드의 콘텐츠 중 비디오의 비중이 매우 낮아 최근 페이스북 사용자의 성향과 기호를 충족시키기에는 모자람을 알 수 있다. 반면에 에버랜드는 비디오콘텐츠의 비중이 상당히 높아 최근의 페이스북 페이지 콘텐츠의 트렌드와 부합함을 알 수 있다.

〈표 2-1〉에서 알 수 있는 중요한 사실은 두 거대 민간기업이 관리하는 페이지의 인게이지먼트 비율이 한국민속촌에 비해서 저조하다는 것이다. PTAT와

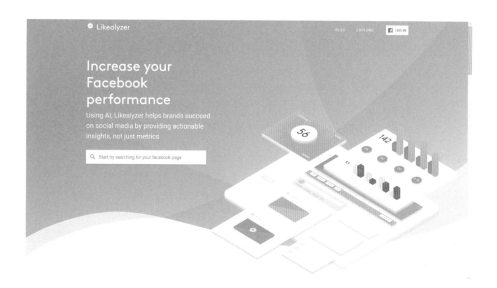

● 그림 2-8. 페이스북 성과 측정 툴, 라이크얼라이저의 홈페이지

● 표 2-1. 라이크얼라이저를 활용한 에버랜드, 롯데월드, 한국민속촌의 페이스북 페이지 성과 비교

		에버랜드	롯데월드	한국민속촌
콘텐츠 유형	사진	20%	66%	9%
	노트	3%	12%	0%
	비디오	78%	22%	91%
PTAT*		99,721	93,773	25,322
전체 '좋아요' 수		5,552,233	4,830,677	552,933
인게이지먼트 비율**		2%	2%	5%

* 'people talking about this'의 두문자어로 최근 7일 이내에 페이지, 혹은 페이지의 콘텐츠와 어떤 방식으로든지 인터랙션을 갖고 있는 사람들의 수
** PTAT ÷ 전체 '좋아요' 수

〈PR Tip 2-3〉 인게이지먼트(engagement)란 무엇인가?

사전적으로 인게이지먼트는 '약속', '약혼'이라는 의미를 담고 있고 인게이지(engage)는 '주의나 관심을 사로잡다', '관계를 맺다'라는 의미를 담고 있다. 웹스터사전은 '인게이징(engaging)'을 '호의적인 관심을 끌어내는 경향'이라고 정의한다.

마케팅용어로서 인게이지먼트는 고객 참여의 확대된 개념으로 고객의 관심과 관여를 이끌어내는 과정, 상호작용, 경험 등 고객이 적극적으로 마케팅활동에 직접 참여하는 과정, 그리고 그 결과로 고객과의 관계(customer relation)를 구축하는 과정을 포함하는 개념이다. 인게이지먼트는 "마케팅의 자극에 대해 고객들이 무의식이 아닌 의식적으로 그리고 감정적·지각적·인식적으로 반응하는 것"으로 정의할 수 있으며, 함축적으로는 마케팅 자극에 대한 고객의 참여하는 개념을 포함하고 있다. 즉, 인게이지먼트는 고객의 관여와 참여를 유도하고 상호작용을 통해 브랜드 경험을 창출함으로써 고객과의 관계를 강화하고 고객충성도(customer loyalty)를 쌓아가는 과정이다.

인게이지먼트가 형성됐을 때, 기대할 수 있는 효과는 다음과 같다. 첫째, 브랜드에 대한 높은 수준의 관여를 유발한다. 둘째, 고객의 인식, 감정, 행동의 변화를 일으킨다. 셋째, 감성적 유대와 애착을 형성시킨다. 넷째, 브랜드와 고객 간의 관계를 강화한다. 다섯째, 기업과 고객 상호 간에 혜택을 제공한다. 여섯째, 구입의향을 높이고 고객충성도를 유발한다. 일곱째, 시장 경쟁우위와 리더십 확보를 용이하게 한다.

자료: 김동균 · 비아이티컨설팅 (2016).

● 그림 2-9. 구글을 활용한 다양한 검색의 실례

전체 '좋아요' 수처럼 페이지 관리의 외형적 성장을 가리키는 지표는 두 민간
기업이 한국민속촌에 비해 우월하지만, 페이지 관리의 질적인 성과를 보여주
는 인게이지먼트 비율은 한국민속촌이 이들 기업보다 2.5배 높음을 알 수 있
다. 라이크얼라이저는 최근 PR, 광고, 소셜미디어의 중요한 성과지표로 채택
되고 있는 인게이지먼트의 비교를 제공한다는 점에서 유용하다. 에버랜드와
롯데월드의 PR관리자 혹은 소셜미디어 관리자는 자사와는 비교할 수 없을 만
큼의 소규모 예산으로 운영되는 한국민속촌과의 비교를 통해 자사 페이스북
활동의 질적 성장에 더욱 매진해야 한다는 것을 인식할 수 있다.

구글 검색은 누구나 무료로 검색할 수 있고 몇 가지 검색 팁만 알고 있으면 상당히 정확한 제1형 데이터를 확보할 수 있다. 〈그림 2-9〉의 상단은 구글 검색 창에 '이마트'만 입력한 결과인데 대략 1600만 개의 방대한 검색결과가 뜬다. 그렇지만 〈그림 2-9〉의 하단처럼 요리, 살림, 육아 등에 대한 정보를 공유하는 대표적 온라인 커뮤니티인 82cook에서 최근 1년간 제목에 '이마트'가 있는 게시물만 검색할 수도 있는데, 이런 정교한 검색을 활용함으로써 타겟들의 브랜드에 관한 정확한 인식을 관찰할 수 있다.

구글은 앞서 살펴본 것 외에도 다양한 검색 기능을 제공하고 있는데 〈표 2-2〉에서 제시하고 있는 기능만 숙지해도 유용한 데이터를 획득할 수 있으며, 획득한 데이터는 문제의 후보군 작성, 상황분석, 타겟들의 인식 파악 등에 활용할 수 있다.

특정 조직, 브랜드, 서비스, 정책에 관한 언론보도, 소셜미디어의 포스트나 멘션 등을 관찰하는 연구방법인 내용분석에서는 분석해야 할 대상이 너무 많기 때문에 표집(sampling)을 하는 것이 바람직하다. 표집은 모집단(특정 정책에 관한 모든 언론보도, 혹은 모든 멘션)에서 실제로 분석할 표본(언론보도, 멘션 등)을 추출하는 행위를 말하는데,[6] 모집단의 요소들이 표본으로 추출될 확률이 동등한지를 기준으로 확률적 표집(probability sampling)과 비확률적 표집(non-probability sampling)으로 나뉜다. 실제 PR현장에서는 확률적 표집 중 체계적 표집(systematic sampling)을 자주 사용한다.

체계적 표집의 실제 예를 살펴보자. 〈그림 2-3〉('모나미'에 관한 일반적인 뉴스 검색결과 화면)을 다시 보자. 관련 기사가 8907건(모집단)에 이르러 모든 기사를 분석하기가 쉽지 않아 이 중에서 1/10[7] 정도만 분석한다고 가정할

---

6 모집단과 표본에 대해서는 서베이를 설명하는 부분에서 상술한다.
7 이런 수치를 표집비율(sampling ratio)이라고 한다. 표집간격(sampling interval)이라는

기능	활용 방법
반드시 포함될 단어/문장을 지정하기	검색의 처음과 끝에 큰따옴표("")를 입력하면 해당 단어나 문장이 반드시 포함된 사이트만 검색
제외할 검색어를 지정하기	검색어 앞에 마이너스(−)를 입력하면 해당 검색어를 제외한 결과를 표시
유의어 검색하기	검색어 앞에 물결표시(~)를 입력하면 검색어와 비슷한 의미의 자료를 검색
단어의 정의를 검색하기	검색어 앞에 'define:단어' 입력 후에 검색하면 가장 상단에 그 단어에 대한 사전적 정의 제시
특정 단어를 반드시 포함해 제목 검색하기	제목에 반드시 특정 단어를 포함한 검색결과를 보고 싶을 때에는 'intitle:단어'를 입력하면 해당 단어가 포함된 제목만 골라서 검색결과를 제시
불확실한 검색어를 입력할 때	정확한 검색어가 떠오르지 않을 때에는 문장 사이에 별표(*)를 입력하면 빈자리를 채워서 결과를 표시
숫자의 범위 지정하기	검색할 숫자 사이에 마침표 2개(..)를 입력해 검색하면 숫자 범위 내의 검색결과를 제시. 단위 검색도 가능
두 단어 중 아무거나 검색하기	검색하고 싶은 두 단어 사이에 or을 입력하면 두 단어 중 하나라도 있는 검색결과는 모두 제시
특정 사이트 내에서만 검색하기	'site:주소 단어'를 입력하면 해당 주소(url)를 가진 사이트 내에서 해당 단어를 포함한 자료만 검색
특정 사이트와 관계된 사이트 검색하기	'rel:주소'를 입력하면 해당 사이트와 관련 있는 사이트를 제시
특정 사이트를 링크한 모든 사이트 검색하기	'link:주소'를 입력하면 해당 사이트가 링크된 모든 사이트를 제시

자료: 구글 검색 잘하는 법 (2015, 3, 8).

용어도 있는데, 매 10번째 기사를 분석하는 이 경우의 표집간격은 10이다.

1. 언론보도(소셜미디어) 분석을 하는 이유 및 취지

2. 연구설계(research design)

3. 각 조사항목별 분석

	자사	경쟁사	결론
빈도			
기사 유형			
기사 주제			
우호도			
신뢰도			

4. 언론보도(소셜미디어) 분석의 종합 결론

● 그림 2-10. 언론보도(소셜미디어) 분석결과 제시 방식

때, 실제로는 890건(표본) 정도만 분석한다. 〈그림 2-3〉에서 세 번째 표시 기사인 "모나미, 3000원대 입문용 만년필 출시"를 분석하고 다음에는 13번째 기사, 그다음에는 23번째 기사의 순으로 분석한다. 이런 방식으로 분석할 경우 890건 정도를 분석하게 된다. 체계적 표집은 전체 언론보도에서 매 n번째 기사를 선택하는 것으로 이해하면 된다(라이프와 레이시, 그리고 피코, 2005).

지금까지 언론보도나 소셜미디어를 분석할 때, 자주 분석하는 항목, 꼭 필요한 기사나 멘션만을 찾는 방법, 방대한 모집단에서 소수의 기사나 포스트를 합리적으로 추출할 수 있는 방법 등을 살펴봤다. 이제는 내용분석을 실시한 결과를 PR기획서에 어떻게 표기하는지에 관해 구체적으로 제시하고자 한다.

내용분석을 실시한 결과는 〈그림 2-10〉처럼 크게 네 부문으로 구성해 제시

● 표 2-3. 언론보도 분석 연구설계 샘플

	매체유형	선정 매체	선정 이유
분석매체	종합일간지	〈조선일보〉	한국ABC협회 2016 부수 인증 결과 종합일간지 중 최다 유료 발행(125만)
	경제지	〈매일경제〉	한국ABC협회 2016 부수 인증 결과 경제지 중 최다 유료 발행(55만)
	지상파방송	KBS	방송통신위원회 2016 시청점유율 산정 결과 지상파방송 중 최다 점유율(27%)
	종편	TV조선	방송통신위원회 2016 시청점유율 산정 결과 종합편성채널 중 최다 점유율(10%)
	인터넷신문	〈노컷뉴스〉	랭키닷컴 종합인터넷신문 카테고리 1위
기사 유형	스트레이트, 사설, 컬럼·논단, 기획·특집, 스케치, 해설·분석, 기타		
핵심키워드	이마트		
추가키워드	롯데마트		
분석기간	2014년 8월 11일 ~ 2017년 8월 11일		
검색엔진	네이버		
표집방법	체계적 표집(sampling interval = 10)		
모집단크기	2,146건		
표본크기	214건		
분석항목	기사 주제, 기사 유형, 우호도, 신뢰도, 사진 혹은 동영상 제시(첨부) 여부		

한다. 언론보도(소셜미디어) 분석을 하는 이유·목적·취지, 연구설계, 조사 항목별 분석, 언론보도(소셜미디어) 분석의 종합 결론 등이다. 이 네 부문은 서베이, 심층면접, 포커스그룹인터뷰 등을 실시했을 때도 모두 제시해야 한다.

파워포인트로 PR기획서를 작성하는 경우, (언론보도 분석 파트가 시작되는) 첫 번째 슬라이드에 왜 언론보도나 소셜미디어를 분석하는지에 관한 이유·목적·취지 등을 밝힌다. 두 번째 슬라이드에서 연구설계를 제시한다. 〈그림 2-10〉에서 연구설계란 내용분석이 어떤 방식, 절차에 의해 진행되었는지를 사회과학연구방법론에서 요구하는 방식으로 제시하는 것을 의미한다. 정책PR의 경우에는 경쟁사가 없어서 해당 정책만 내용분석 하는 것이 타당하지만, 민간영역의 브랜드, 제품, 서비스, 조직을 PR하는 경우에는 경쟁사도 함께 분석한다. 〈표 2-3〉의 '추가키워드'란에는 경쟁사에 해당하는 개념을 적시하면 된다.

세 번째 슬라이드부터 분석항목별 결과를 제시한다. 〈그림 2-10〉의 '3. 각 조사항목별 분석'의 두 번째 줄은 주황색으로 표시되어 있는데, 주황색으로 표시된 것이 하나의 슬라이드에 모두 제시되어야 한다. 분석항목의 수만큼 별개의 슬라이드를 만들어 제시한다. 즉, 〈그림 2-10〉처럼 5개의 분석항목이 있으면 5개의 슬라이드를 만든다. 한편 내용분석 혹은 서베이 결과 보고 슬라

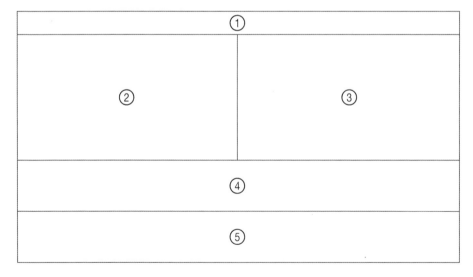

● 그림 2-11. 내용분석 및 서베이의 각론 작성에 활용하는 템플릿

이드의 구체적인 구성은 〈그림 2-11〉을 따른다.

〈그림 2-11〉은 내용분석뿐만 아니라 서베이의 각론 작성에도 반드시 따라야 하는 템플릿이다. ①에는 기사 주제, 기사 유형 등의 분석항목을 제시한다. ②에는 자사의 분석결과를 표나 그래프로 나타낸다. ③에는 경쟁사의 분석결과를 표나 그래프로 나타낸다. ②와 ③에 제시하는 표나 그래프를 하나의 표나 그래프로 나타낼 수도 있다. ④에는 ②와 ③에서 제시한 표나 그래프가 의미하는 바를 두세 줄 분량의 글로써 설명한다. ⑤에는 ②와 ③에서 발견한 팩트를 활용해 향후의 PR방안에 대해서 쓰되, 전반적인 PR기획의 흐름과 일치하도록 제시한다. 예를 들어 기사의 유형을 분석했다면 자사 관련 기사는 대부분 스트레이트, 기획 및 특집, 해설 및 분석 등에 치우쳐 있어 기사의 심층성은 돋보이지만, 심층적 기사는 자사의 친근성을 저해하므로 향후 언론홍보 시에는 하드뉴스와 소프트뉴스의 적절한 균형이 필요하다는 식으로 제안한다.

2. 서베이

제1형 데이터를 개발할 수 있는 또 다른 대표적인 방법인 서베이에 대해서 간략히 살펴보자. 제1형 데이터는 이른바 양적 데이터 중에서 PR실무자가 직접 획득한 것을 의미하는데 서베이는 양적 데이터를 획득하는 가장 일반적인 방법으로 핵심 공중이 무엇을 원하고, 무엇을 생각하는지에 관한 정보를 제공한다(Jugenheimer, Kelly, Hudson, & Bradley, 2014). 즉, 서베이를 활용해서 핵심 공중 혹은 타겟들의 문제 혹은 이슈, 제품, 서비스, 정책 등에 관한 인지(awareness), 태도(attitude), 행동(behavior) 등을 파악할 수 있다.

서베이를 실시할 때 꼭 지켜야 할 '서베이 8대 원칙'이 있다. 역삼각형의 원칙, 최소한의 원칙, 신의의 원칙, 확인의 원칙, 2배의 원칙, No room의 원칙,

사전 테스트의 원칙, 척도 적합형 문항 작성의 원칙이다.

첫째, 역삼각형의 원칙이란 가장 알고 싶은 항목을 설문지의 가장 앞부분에 배치하는 것이다. 적지 않은 돈과 시간을 들여서 서베이를 하는 것은 무엇인가를 알고 싶거나 확인하고 싶어서이다. 그 '무엇인가'를 바로 질문해야 한다. 기사나 퍼블리시티 작성 시 가장 핵심적인 내용을 기사의 리드(lead)에 배치하고 기사의 후미로 갈수록 덜 중요한 내용을 배치하는 것을 떠올리면 된다.

둘째, 최소한의 원칙이란 해당 설문지를 활용하지 않으면 알 수 없는 것들만 질문함으로써 문항의 수를 최소화시키는 것이다. 다른 보고서, 데이터베이스 등에서 충분히 파악할 수 있는 정보를 굳이 질문하지 말라는 것이다. 제3형 데이터를 설명하면서 다시 강조하겠지만 다른 연구자가 개발하거나 확보한 데이터 중에도 양질의 데이터가 다수 있다. 이런 데이터를 활용해 알 수 있는 항목은 굳이 설문지에 넣을 필요가 없다. 아니, 넣지 말아야 한다. 설문지 문항의 수와 응답의 질(quality)은 반비례하기 때문이다.

〈PR Tip 2-4〉 서베이란 무엇인가?

1. 특징

직접 관찰하기에 너무 큰 모집단(population)을 기술하기 위해 원자료(original data)를 수집하는 데 관심이 있는 사회조사자에게 유용한 방법으로 주의를 기울인 확률표집은 모집단의 특성을 반영할 수 있는 응답자 집단을 제공하며, 신중하게 구성된 표준화된 설문은 모든 응답자로부터 나온 같은 형태의 자료를 제공한다.

2. 웹 기반 서베이의 장단점

최근에 가장 많이 사용하고 있는 웹 기반 서베이(web-based survey) 혹은 온라인 서베이(online survey)는 유무선 인터넷망을 활용하는데, 장점과 한계를 제시한다.

1) 장점
a. 서베이의 유포와 응답이 매우 빠르다.
b. 웹 기반 서베이는 응답자가 동일한 설문지에 여러 번 응답하는 경우를 방지할 수 있다. 특정 패스워드를 입력해야만 서베이가 진행되는 웹페이지에 접근할 수 있게 하거나 연구자가 개설한 링크를 타고 이동할 때만 서베이 페이지에 접근하게 만들 수 있다.
c. 연구자는 수 시간 안에 수천 명의 응답자를 모을 수 있다.
d. 웹 기반 서베이를 실행하는 비용이 매우 낮다.
e. 웹 기반 설문지는 다른 유형의 설문지에 비해 특정 조건 아래 다음 문항으로 넘어가게 하는 기법과 문항의 순서를 무작위로 배치하는 기법을 손쉽게 활용할 수 있다.
f. 웹 기반 설문지는 다른 유형의 설문지에 비해 컬러, 폰트, 시각화 등에서 우수하므로 설문지의 디자인을 우월하게 관리할 수 있다.
g. 웹 기반 서베이에서는 대면, 전화 기반 서베이 등에 비해 응답자들이 민감하거나 개인적인 이슈에 대해서도 좀 더 솔직한 응답을 하는 경향이 있다.
h. 웹 기반 서베이의 응답자는 개방형 질문(open-ended question)에도 다른 유형의 자기기입적 서베이에 비해 좀 더 긴 응답을 하는 경향이 있다.
I. 표본의 수가 많고 적음에 따른 비용의 차이가 크지 않다.

2) 한계
a. 아무리 무작위로 추출한 표본이라 하더라도 웹 기반 서베이에서 발견한 결과를 모집단에 일반화하는 것은 거의 불가능하다. 웹 기반 서베이에 참여할 수 있는 응답자의 리스트는 전체 모집단을 대표하지 못한다. 인터넷에 접근할 수 있는 응답자와 인터넷에 접근할 수 없는 응답자는 다르다. 나이가 많거나

경제적 수준 및 교육수준이 낮은 모집단은 인터넷 서비스에 쉽게 접근하지 못한다.[8]
  b. 응답자들이 서베이가 진행되는 도중에 쉽게 중단할 수 있다. 대면 서베이와 비교하면 이런 경향이 좀 더 두드러진다.
  c. 때로는 누가 응답하는지를 통제할 수 없다. 응답자들이 인터넷을 브라우징하다가 뜨는 팝업이나 배너를 통해서 서베이 페이지로 들어오기 때문이다. 따라서 특정 패스워드를 입력하거나 연구자가 개설한 링크를 이용할 때만 서베이 페이지에 접근하도록 해야 한다.[9]
  d. 대부분의 온라인 네트워크가 갖는 개방성 때문에 익명성과 응답 내용의 보안성을 보장하기 어렵다.

자료: 주겐하이머, 켈리, 허드슨, 그리고 브래들리 (2014).

셋째, 신의의 원칙이란 설문지의 첫 부분에 서베이를 실시하는 주체가 누구인지, 또 서베이를 실시하는 목적, 취지, 이유 등이 무엇인지, 그리고 〈PR Tip 2-5〉에서 소개하고 있는 통계법의 32조, 33조, 34조에 의해 응답의 내용을 엄격히 관리하겠다는 방침 등을 밝히는 것이다. 앞서 역심각형의 원칙을 강조했지만 신의의 원칙에 의해 설문지의 첫 부분을 작성한 후에 가장 알고 싶은 것들부터 질문하면 된다.

넷째, 확인의 원칙이란 동일한 질문을 방향을 달리해서 2개의 문항으로 물어보는 것이다. 예를 들어 설문지의 앞부분에 '현대자동차를 좋아하십니까?'

---

[8] 전 국민을 대상으로 하는 서베이를 실시하는 경우에는 이 한계가 타당하지만, 특정 연령대의 모집단을 대상으로 하는 서베이에서는 이 한계를 크게 신경 쓰지 않아도 된다. 과학기술정보통신부(2017)의 인터넷 이용 실태 조사에 의하면 우리나라의 10~40대의 인터넷 사용률은 100%이므로 이 연령대의 응답자는 거의 대부분 웹 기반 서베이에 접근할 수 있다고 봐도 무방하다.

[9] 이 한계도 최근의 웹 기반 서베이에서는 크게 걱정하지 않아도 된다. 최근에는 리서치회사가 구축한 패널 데이터를 활용하므로 응답자가 누구인지 정확하게 알 수 있으며, 특정 조건을 충족하는 패널만 서베이 페이지로 초청할 수 있다.

〈PR Tip 2-5〉통계법의 통계응답자의 의무 및 보호 등에 관한 조항

제32조(통계응답자의 성실응답의무) 통계응답자는 통계의 작성에 관한 사무에 종사하는 자로부터 통계의 작성을 목적으로 질문 또는 자료제출 등의 요구를 받은 때에는 신뢰성 있는 통계가 작성될 수 있도록 조사사항에 대하여 성실하게 응답하여야 한다.

제33조(비밀의 보호) ① 통계의 작성과정에서 알려진 사항으로서 개인이나 법인 또는 단체 등의 비밀에 속하는 사항은 보호되어야 한다.

② 통계의 작성을 위하여 수집된 개인이나 법인 또는 단체 등의 비밀에 속하는 자료는 통계작성 외의 목적으로 사용되어서는 아니 된다.

제34조(통계종사자 등의 의무) 통계종사자, 통계종사자이었던 자 또는 통계작성기관으로부터 통계 작성업무의 전부 또는 일부를 위탁받아 그 업무에 종사하거나 종사하였던 자는 직무상 알게 된 사항을 업무 외의 목적으로 사용하거나 다른 자에게 제공하여서는 아니 된다.

자료: 법제처 (2017, 12, 31).

라는 질문을 배치하고 설문지의 뒷부분에는 '현대자동차를 싫어하십니까?'라는 질문을 배치한다. 앞 질문에 (7점 적도 기준으로) '⑦ 매우 그렇다'로 응답한 사람은 뒷 질문에는 '① 전혀 그렇지 않다'로 대답해야 한다. 앞의 질문에도 '⑦ 매우 그렇다'에, 뒤의 질문에도 '⑦ 매우 그렇다'로 응답한 사람은 설문지를 제대로 읽지 않고, 어느 한 번호에만 쭉 응답한 사람이므로 이 사람의 설문지는 폐기해야 응답의 질을 올릴 수 있다.

다섯째, 2배의 원칙은 실제로 필요한 표본보다 최소 2배의 표본을 수집하는 것이다. 앞서 확인의 원칙에 의해서 설문지를 관리하다 보면 폐기해야 하는 설문지가 발생할 수 있으므로 실제로 분석할 표본보다는 넉넉하게 설문지를 수거해야 한다. 대학생들이 공모전이나 과제를 위해 진행하는 경우, PR기업의 AE가 제안서 작성을 위해서 진행하는 경우 등은 2배의 원칙을 권장한다. 그런데 최근에 공공기관 및 기업이 많이 채택하는 웹 기반 서베이의 경우는 5배의 원칙을 적용하는 경우도 간혹 있다. 실제 필요 표본의 5배에 해당하는 설문지를 받은 후, 리서치 회사들이 각기 개발한 스크리닝 알고리듬(screening algorithm)에 의해 실제 필요 표본의 4배에 해당하는 설문지는 버린다. 이런 방식으로 엄격한 스크리닝을 진행하면 비용은 많이 들지만 응답의 질은 제고할 수 있다.

여섯째, No room의 원칙은 중학교 2학년 정도의 지적 수준을 가진 응답자라면 누구나 응답할 수 있도록 이해하기 쉽게 문항을 작성하고, 명확하게 질문을 던짐으로써 응답자가 질문을 자의적으로 해석할 수 있는 기회를 원천적으로 봉쇄하는 것을 의미한다. 또 하나의 질문에는 하나의 내용만 담아야 한다. 예를 들어 쓰레기 매립장 이전을 추진하는 ○○○시장에 대해서 어떻게 평가하느냐는 질문은 2개의 내용을 담고 있다. 쓰레기 매립장에 대한 찬반, 현 시장에 대한 찬반이라는 2개의 내용을 담고 있기 때문에 적절하지 않다.

일곱째, 사전 테스트의 원칙은 설문지를 완성한 후, 응답자들이 쉽고 적절하게 응답할 수 있는지를 반드시 사전에 확인하는 것을 의미한다. 실제로 필요로 하는 표본의 1/10 정도에 해당하는 인원에게 설문지에 답을 하도록 한후, 설문지의 잘잘못을 가려서 최종 설문지를 완성한다. 이런 과정 없이 수백, 수천 명의 표본에게 설문지를 발송하고 사후에 오류를 발견하면 시간과 금액의 낭비를 피할 수 없다.

여덟째, 척도 적합형 문항 작성의 원칙이란 문항을 만들 때부터 그 문항의 응답은 4가지 수준의 척도 중 어디에 해당하는지를 정확히 인식하고 만드는 것을 의미한다. 4가지 수준의 척도란 명목척도, 서열척도, 등간척도, 비율척도를 말하는데 응답의 결과가 이 4가지 중의 하나에는 반드시 해당해야 한다.

문3. 귀하는 현대자동차의 그랜저 IG를 구매할 의향이 있습니까?

전혀 그렇지 않다	거의 그렇지 않다	별로 그렇지 않다	보통이다	약간 그렇다	상당히 그렇다	매우 그렇다
○	○	○	○	○	○	○

● 그림 2-12. 7점 척도를 활용한 문항의 예

문3. 귀하는 현대자동차의 그랜저 IG를 구매할 의향이 있습니까?

전혀 그렇지 않다	그렇지 않다	보통이다	그렇다	매우 그렇다
○	○	○	○	○

● 그림 2-13. 5점 척도를 활용한 문항의 예

4가지 중의 하나에 해당하지 않으면 응답의 결과를 통계패키지(프로그램)에 입력조차 할 수 없다. 응답 결과를 다양하게 분석하고자 할 때는 통계패키지를 이용해야만 하는데, 4가지 수준의 척도에 해당하지 않는 응답의 결과를 낳는 질문을 만들면, 아무리 많은 표본을 확보했다 하더라도 무용지물에 불과하다. 〈그림 2-12〉와 〈그림 2-13〉은 설문지에서 가장 보편적으로 활용하고 있는 7점 리커트척도 문항(seven-point Likert-type statement)과 5점 리커트척도 문항(five-point Likert-type statement)의 예이다.

서베이의 생명은 표본이 모집단의 대표성[10]을 유지하는가에 달려 있다. 쉽게 말해 30대 직장 여성들의 브랜드 X에 대한 태도를 조사하려고 할 때, 30대

---

[10] 대표성(representativeness)은 표본의 총체적 특성이 모집단의 총체적 특성에 거의 근접할 경우 혹은 모집단의 모든 구성원이 표본으로 추출될 가능성이 동일한 경우에 확보된다.

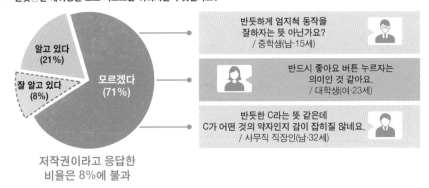

◆ 반듯ⓒ란 네이밍을 보고 떠오르는 이미지는 무엇인가요?

알고 있다 (21%)

잘 알고 있다 (8%)

모르겠다 (71%)

저작권이라고 응답한 비율은 8%에 불과

반듯하게 엄지척 동작을 잘하자는 뜻 아닌가요? / 중학생(남·15세)

반드시 좋아요 버튼 누르자는 의미인 것 같아요. / 대학생(여·23세)

반듯한 C라는 뜻 같은데 C가 어떤 것의 약자인지 감이 잡히질 않네요. / 사무직 직장인(남·32세)

● 그림 2-14. 반듯ⓒ 브랜드PR을 위한 상황분석에 활용된 서베이

자료: 메타커뮤니케이션즈 (2017).

직장 여성은 모집단에 해당하고 이 조사를 위해 실제로 접촉한 사람들이 표본에 해당한다.

그런데 이 조사를 위해 실제로 접촉한 사람들이 모든 30대 직장 여성들을 충분히 대표할 수 있는지의 여부가 중요하다. 이를 대표성이라 하는데 표본에 대표성이 있다면 그 서베이는 충분히 가치가 있으며, 반대로 표본에 대표성이 결여되어 있다면 서베이로서의 가치는 떨어진다고 할 수 있다.

대표성을 제고하기 위해서는 더 많은 표본을 수집해야 하므로 당연히 더 많은 돈이 필요하고, 그런 점에서 제1형 데이터를 개발하기 위한 본격적인 서베이를 PR기획에 도입하기에는 제약이 따른다. 서베이를 리서치회사에 맡겨 대인면접조사를 할 경우, 표본 하나당 보통 2만 원을 상회한다. 표본을 100명만 만들어도 무려 200만 원이 소요된다는 점에서 PR기획을 할 때마다 서베이를 한다는 것은 규모가 작은 기업에는 무리라고 할 수 있다. 그럼에도 〈그림 2-14〉에서 보는 것처럼 최근에는 많은 PR기업이 정확한 문제 규명을 위해 상

황분석에서 서베이를 활용하는 경우가 많아지고 있다.

일종의 파일럿 조사11로서의 서베이는 의지와 능력만 있으면 충분히 가능하다. 만약 PR기업의 AE가 주변의 30대 직장 여성 5명에게 서베이를 하고, 다시 그 PR기업의 AE 20명이 동일하게 조사를 한다면, 100개의 표본을 확보할 수 있다. 이렇게 수집한 표본은 대표성이라는 점에서는 문제가 있을 수 있지만 큰돈이 들지 않는다는 점에서는 긍정적이다. 이런 정도의 표본만으로도 문제에 대한 타겟의 대략적인 반응이나 태도를 확인할 수 있다는 점에서 시도해 볼 만한 작업이다. 또 최근에 파일럿 조사의 툴(tool)로 각광을 받고 있는 서베이몽키도 PR기업의 AE나 대학에서 PR을 전공하는 학생들에게 유용하다. 〈그림 2-15〉는 서베이몽키(https://ko.surveymonkey.com/)를 활용해 작성한 서베이 문항의 예인데, 이와 유사한 서비스는 구글이나 네이버에서도 제공하고 있다. 이런 서비스를 활용해 핵심 공중 혹은 타겟들의 문제나 이슈, 제품, 서비스, 정책 등에 관한 인지, 태도, 행동 등을 대략적으로 파악할 수 있다.

PR기업의 용역 수주 과정을 보면 가장 먼저 제안서 제출 작업부터 시작된다. 고객사로부터 긍정적 반응을 유도하고, PR기업의 용역 수행에 대한 의지를 보여주고, 데이터 기반 PR 수행 역량을 보여주기 위해서라도 파일럿 형태로서의 서베이를 도입할 만하다. 그러나 앞서 말한 바와 같이 소규모의 표본을 대상으로 진행되는 서베이인만큼 서베이 결과의 일반화에는 무리가 따를 수 있고, 따라서 언론보도 분석, 문헌연구 등의 방법을 동시에 활용하는 혼합적 연구방법을 채택함으로써 파일럿 형태 서베이의 약점을 보완해야 한다.

지금까지 살펴본 서베이의 원칙, 절차 등을 준수해 서베이를 실시한 후에, 그 결과는 〈그림 2-10〉에서 제시한 내용분석의 분석결과 제시 방식, 〈그림

---

11 예비조사를 말한다. 본 조사에 앞서 실시하는 조사로 조사방법의 적절성을 검증하거나 조사항목에 관한 문제점을 파악하기 위해서 질문지나 전화로 시행하는 시험적 조사를 말한다.

설문에 응해 주셔서 대단히 감사드립니다.
이 조사는 현대자동차의 이미지를 알아보기 위한 조사입니다.
모든 질문에는 정답이 없으니, 생각나시는 대로 편안하게 응답해 주시면 됩니다.
응답하신 내용은 통계법 제 33조에 의해 비밀이 보장되며, 학술목적 이외에는 절대 사용하지 않을 것을 약속드립니다.
귀중한 시간을 할애해 주셔서 다시 한번 감사드립니다.

2018년 9월
책임연구원: 최준혁(순천향대학교 미디어커뮤니케이션학과 교수)
연락처: 000-0000-0000, 0000@0000.000

1. 만약 자동차회사 간에 큰 차이가 없으면, 다른 어떤 회사의 자동차보다 현대자동차
의 자동차를 구매하는 것이 당연하다

○ 전혀 그렇지 않다
○ 거의 그렇지 않다
○ 별로 그렇지 않다
○ 보통이다
○ 약간 그렇다
○ 상당히 그렇다
○ 매우 그렇다

2. 다른 자동차회사가 현대자동차와 동일한 특징을 가지고 있다 하더라도 나는 현대
자동차의 자동차를 구매할 것이다

○ 전혀 그렇지 않다
○ 거의 그렇지 않다
○ 별로 그렇지 않다
○ 보통이다
○ 약간 그렇다
○ 상당히 그렇다
○ 매우 그렇다

3. 다른 자동차회사가 현대자동차처럼 좋다 하더라도 나는 현대자동차의 자동차를 구
매할 것이다

○ 전혀 그렇지 않다

● **그림 2-15. 서베이몽키를 활용한 서베이 문항 작성의 예**

2-11)에서 제시한 내용분석 및 서베이의 각론 작성에 활용하는 템플릿을 활
용해 제시한다. 다만 서베이의 연구설계와 내용분석의 연구설계 제시 방식은
다소 다른 점이 있어 이 부분만 추가로 설명하고자 한다. 〈표 2-4〉는 서베이
의 일반적인 연구설계 샘플이다.

내용분석(언론보도 분석, 소셜미디어 분석 등)과 마찬가지로 서베이를 실
행했을 경우에는 서베이가 어떤 절차를 거쳐, 누구를 대상으로 진행되었는지
에 관한 정보를 먼저 제시한 후, 서베이 결과의 각론을 제시한다. 〈표 2-4〉에
나오는 개념들 중 내용분석에서 설명하지 않은 개념들을 살펴보면 우선 표본
오차가 있다. 표본오차는 sampling error를 번역한 것으로 '표집오차'라고 부

● 표 2-4. 서베이 연구설계 샘플

모집단	전국 만 13세 이상 64세 이하 남녀
조사방법	종이설문지를 활용한 1:1 개별면접조사
표본크기	5,000명
표본오차	95% 신뢰수준에서 ±1.4%
표집방법	인구 센서스에 기초한 할당 추출
실사기간	2017년 6월 26일 ~ 8월 21일

르기도 한다. 표본오차는 모집단에서 추출한 표본이 모집단의 특성과 일치하지 않아서 생기는 확률의 차이를 말한다. 표본오차의 계산방식은 사회과학연구방법론에 관한 도서를 참고하기 바란다. 표본오차가 크다는 것은 결국 표본이 모집단을 대표할 가능성이 적다는 것이므로 표본오차는 줄이는 것이 바람직하며, 표본오차를 줄일 수 있는 가장 확실한 방법은 표본의 크기를 늘리는 것이다.

여론조사에 관한 언론보도에서는 'ㅇㅇ% 신뢰수준에서 ±ㅇ%'라는 표현을 항상 본다. 〈표 2-4〉에 제시된 것은 '95% 신뢰수준에서 ±1.4%'이고, 이 조사의 결과 중 문재인 대통령에 대한 지지도가 70%라고 가정해 보자. '95% 신뢰수준'이란 동일한 설문지를 사용한다고 가정할 때, 같은 시간에 반복해 표집(표본추출)해서 100번 조사할 경우 95번은 같은 통계치를 얻을 수 있는 확률을 의미하고, '±1.4%'는 조사결과의 오차범위가 -1.4% ~ +1.4% 사이에 존재한다는 것을 의미한다. 따라서 표본오차와 지지도를 해석하면 문재인 대통령의 실제 지지율은 68.6 ~ 71.4% 사이에 나타날 수 있으며, 이러한 결과는 동일한 설문지로 여론조사를 했을 때, 100번 중에 95번 정도는 동일한 결과가 나오며 5번 정도는 다른 결과가 나온다는 뜻이다.

〈표 2-4〉에서 '인구 센서스에 기초한 할당 추출'을 표집방법으로 채택했

다고 제시했는데 내용분석에서도 설명했듯이 표집이란 모집단에서 실제로 분석할 표본(sample)을 추출하는 행위를 말한다. 표집은 sampling을 번역한 것으로 '표본추출'이라고 하기도 한다. 표집방법은 모집단의 요소들이 표본으로 추출될 확률이 동등한지를 기준으로 확률적 표집과 비확률적 표집으로 나뉜다고 앞서 설명했으며, 확률적 표집에는 단순무작위표집, 층화표집, 군집표집 등이 있으며 비확률표집에는 할당표집, 판단표집, 편의표집 등이 있다.

PR실무자가 기획서 작성에 서베이를 활용할 경우 채택할 수 있는 현실적인 표집방법은 편의표집이다. 편의표집(convenience sampling)은 주변에서 접근가능하고 용이한 표본을 선정하는 표집방법이다. 표집이 편리하기 때문에 쇼핑몰, 학교, 종교시설, 대형 이벤트 등에 모여 있는 사람들에게 응답을 부탁하는 서베이에서 자주 채택하는 표집방법이다(주겐하이머, 켈리, 허드슨, 그리고 브래들리, 2014). 이 표집방법은 확률적 표집에 의한 정교한 서베이를 하기에 앞서 사전적 조사를 할 때 적당한 방법이므로 이 표집방법에서 발견된 사실을 전체 모집단에 일반화하기에는 무리가 따르지만, 모집단의 특정 정책, 브랜드, 제품, 서비스 등에 관한 인지, 태도, 행동의 대략적인 경향성을 짐작하는 데 적당하다. 상황분석에서 서베이를 활용할 예정이고 이 방법으로 표집을 했다면 연구설계의 표집방법란에 '편의표집'이라고 쓴다.

3. 기본적인 통계를 활용한 제1형 데이터의 해석

내용분석, 서베이 등을 활용해 확보한 수치화된 데이터를 제1형 데이터라 설명했다. 그런데 어떤 현상(매체별 기획기사의 수, 우리 브랜드와 경쟁 브랜드의 인지도 등)을 수치화하는 것만으로 상황분석을 끝내면 안 된다. 수치화된 데이터는 매우 다양한 정보를 제공해 주기 때문이다.

아주 단순한 예를 들어보자. 우리 기업에 관한 A매체의 기사 100건과 B매체의 기사 100건의 우호도를 7점 리커트척도를 활용해 코딩[12]해 100건의 평균값을 살펴보니 A매체의 우호도 평균값은 7점 만점에 5.3점, B매체의 우호도 평균값은 4.7점으로 나타났다. 이 둘 사이에는 0.6점이라는 차이가 있지만 이 차이가 통계적으로도 유의미한 것인지의 여부는 단순한 뺄셈만으로는 알 수 없다.

만약 통계적으로 무의미하다면 A매체와 B매체에 대한 언론홍보 활동은 서로 다르게 실행할 필요가 없으며 현행 방식대로 언론홍보를 수행하면 된다. 그러나 0.6점이라는 차이가 통계적으로 유의미한 차이라면 현행 방식의 언론홍보는 지양해야 한다. 각 매체의 담당자를 변경하거나 매체별로 차별화된 메시지나 소구방식을 활용해야 한다.

제1형 데이터가 지닌 풍부한 정보를 충분히 활용하기 위해서는 통계적인 지식이 필요하다. 내용분석(언론보도 분석, 소셜미디어 분석 등)과 서베이의 결과를 심층적·통합적으로 활용하는 데도 필요하다. 통계에 관한 지식이 있을 때 PR실무자는 내용분석과 서베이를 실시하는 데 주저하지 않게 된다. 통계가 주는 막연한 부담감은 PR실무자들이 제1형 데이터의 확보를 주저하게 만든다. 제1형 데이터가 PR기획을 위해 반드시 필요하다고 인식하는데도 통계에 대한 두려움이 대안적 데이터 확보에 나서게 한다.

이 책이 PR연구방법론 혹은 사회과학연구방법론에 관한 책은 아니지만 PR실무자가 반드시 알아야 할, 기초적인 통계기법들에 관해서는 짧게라도 설명하고자 한다. 통계에 관한 지식이 전무할 경우에는 자신이 직접 데이터를 개발하는 것도 불가능하지만, 리서치회사에 그 업무를 일임할 경우에도 곤란해

---

12 효율적인 통계처리를 위해 응답 내용들을 수치화하거나 기호화해 기록하는 과정으로 가능하면 각 항목에 대한 응답을 숫자로 표시하는 것이 분석을 위해서 편리하다. 내용분석에서는 특히, 코딩을 하는 사람을 코더(coder)라고 부른다.

진다. PR기업에서 리서치회사에 내용분석이나 서베이를 대행시킬 경우가 많은데 이 경우 PR실무자가 사회과학연구방법론이나 통계기법에 관해 잘 알지 못한다면, 리서치회사에 무엇을 요구해야 하는지를 몰라 리서치회사에 끌려다닐 수 있으며, 또한 리서치회사가 제대로 업무를 진행하고 있는지를 지휘, 감독할 수도 없다.

기초적인 통계기법이며 내용분석과 서베이에서 자주 활용되는 x^2-test, t-test, ANOVA 등에 대해 간략히 설명하고자 한다. 그런데 이 기법들을 이해하려면 척도의 수준 혹은 척도의 유형을 명확하게 이해해야 한다. 앞서 '서베이 8대 원칙'을 제시하면서 척도 적합형 문항 작성의 원칙을 설명했는데 척도의 유형에 관한 이해는 서베이의 문항을 작성할 때뿐만 아니라 서베이를 활용해 수집한 자료의 통계적 처리에도 반드시 필요하다.

앞서 척도는 명목척도, 서열척도, 등간척도, 비율척도 등이 있다고 했는데, 뒤쪽으로 갈수록 더 많은 정보를 담고 있으므로 가급적 뒤 순서에 있는 척도를 활용해 문항을 작성하는 것이 바람직하다. 뒤 순서에 있는 척도로 문항을 만들어 응답을 받았을 경우에는 연구자의 필요에 의해 그 응답을 앞 순서에 있는 척도로 질문한 것처럼 변환할 수 있지만, 그 반대는 불가능하다. 물론 어떤 문항은 반드시 명목척도만 이용해야 하는 경우도 있지만 명목척도나 비율척도, 2개의 척도를 모두 이용할 수 있다면 뒤 순서에 있는 척도를 활용하는 것이 바람직함을 거듭 강조한다. 또 척도는 추상적이고 관념적인 무엇인가를 측정하기 위한 도구라고 했는데 척도라는 도구는 아주 쉽게 말해 질문과 보기가 한 세트라고 이해하자. 이해를 빨리하기 위해서 각 척도로 문항을 작성하는 예를 먼저 제시한다(〈표 2-5〉).

● 표 2-5. 각 척도의 예

- 명목척도의 예

1. 귀하는 승용차를 소유하고 계십니까?

   ① 예 ( ) ② 아니오 ( )

2. 귀하의 종교는 무엇입니까?

   ① 불교 ( ) ② 기독교 ( ) ③ 천주교 ( ) ④ 원불교 ( ) ⑤ 기타 ( )

- 서열척도의 예

1. 귀하는 아래 중 어디에 해당한다고 생각하십니까? ( )

   ① 하위층 ② 중류층 ③ 중상류층 ④ 상류층

2. 아래의 라면 브랜드를 귀하가 좋아하는 순서에 따라 순위를 표시해 주십시오.

   ① 신라면 ( )

   ② 진라면 ( )

   ③ 너구리 ( )

   ④ 안성탕면 ( )

   ⑤ 삼양라면 ( )

- 등간척도의 예

1. 귀하는 현대자동차의 그랜저 IG를 구매할 의향이 있습니까?

전혀 그렇지 않다	거의 그렇지 않다	별로 그렇지 않다	보통이다	약간 그렇다	상당히 그렇다	매우 그렇다
○	○	○	○	○	○	○

2. 귀하는 행정수도 이전에 동의하십니까?

전혀 동의하지 않는다	거의 동의하지 않는다	별로 동의하지 않는다	보통이다	약간 동의한다	상당히 동의한다	매우 동의한다
○	○	○	○	○	○	○

- 비율척도의 예

1. 귀하의 나이는 만으로 몇 세입니까? 만 (   ) 세

2. 귀하는 보통 1주일에 몇 개의 라면을 먹습니까? (   ) 개

　　명목척도(nominal scales)는 앞서 든 예시처럼 질문에서 요구하고 있는 여러 보기13 간에 수학적이거나 통계적인 의미의 차이가 없는 형태이다. 척도는 무엇인가를 측정하기 위해 만든 도구라 했는데 응답자의 종교를 파악하기 위한 명목척도로 만들어진 예시 질문에서 '5번 기타'에 응답한 사람이 '1번 불교'에 응답한 사람에 비해 무언가가 더 뛰어나다거나 반대로 '1번 불교'에 응답한 사람이 '5번 기타'에 응답한 사람에 비해 무언가가 더 열등하다는 식으로는 의미를 부여할 수 없다. 응답자 중 어떤 사람은 불교를 믿고 어떤 사람은 기타 종교를 믿는다는 식의 구분만 할 수 있게 해주는 척도이다. 명목척도를 활용해 문항을 만들 때는 보기들이 고갈적이고, 상호배타적이어야 한다. 고갈적(exhaustive)14이라는 말은 기대되어질 수 있는 모든 가능한 응답을 보기에서 제시해야 한다는 뜻이고, 상호배타적(mutually exclusive)이라는 것은 응답자

---

13 사회과학연구방법론상의 정확한 용어는 응답범주(category)이다.
14 학자에 따라 '망라적' 혹은 '포괄적'으로 번역한다.

가 보기 중에서 2개 이상을 선택할 수도 있는 경우는 배제해야 한다는 뜻이다.

서열척도(ordinal scales)는 여러 보기가 논리적으로 순위를 매길 수 있도록 구성하는 척도를 말한다. 선호하는 라면 브랜드를 묻는 앞의 예시를 보면, 응답자들이 자신의 기호에 따라 순위를 매길 수 있도록 질문과 보기를 구성하고 있다. 서열척도로 응답자의 사회계층을 측정한다면, 응답자는 보기 중에서 하나를 고를 수 있는데, '하위층'으로 응답한 사람보다 '상류층'으로 응답한 사람이 소득, 재산, 직업 등에서 우월하다는 것을 조사자는 알 수 있다. 그러나 '상류층'으로 응답한 사람이 '하위층'으로 응답한 사람에 비해 얼마나 더 부유하고, 얼마나 더 풍족한지에 관한 정보는 알 수 없다.

등간척도(interval scales)는 우리가 설문지에서 가장 흔히 보는 질문과 보기이다. 앞서 예를 든 7점 리커트척도 문항과 5점 리커트척도 문항이 등간척도이다. 명목척도, 서열척도, 등간척도, 비율척도 중 뒤쪽으로 갈수록 정보를 많이 담고 있다고 한 것을 다시 떠올리자. 그랜저 IG를 구매할 의향을 묻는 질문에 A응답자는 '전혀 그렇지 않다'로 대답하고 B응답자는 '매우 그렇다'로 대답한 경우에 조사자는 A응답자와 B응답자가 서로 다른 생각을 하고 있다는 것을 알 수 있으며(명목척도가 제공할 수 있는 정보), B응답자가 구매의향이 더 크다는 것도 알고 있다(서열척도가 제공할 수 있는 정보). 서열척도는 응답자 간의 우열을 가릴 수는 있지만 얼마나 다른지에 관한 정보를 제공하지 못한다 했는데, 등간척도는 얼마나 다른지도 가르쳐준다. A응답자에 비해 B응답자의 구매 의향이 6점이 더 높다고 말할 수 있다(등간척도가 제공할 수 있는 정보). 즉, 등간척도로 질문을 할 경우 명목척도나 서열척도로 질문해서 얻을 수 있는 정보는 물론이고 응답자 간의 차이에 관한 정보도 얻을 수 있다.

비율척도(ratio scales)는 명목척도, 서열척도, 등간척도가 제공하는 정보에 추가적으로 비율의 정보까지 제공하는 가장 상위의 척도이다. 비율척도와 등간척도를 헷갈릴 수 있는데, 비율척도로 측정한 값이 0일 때는 실질적인

0(true zero)이라는 점에서 등간척도와 다르다. 쉽게 설명하면 라면 섭취 개수를 묻는 질문에 0이라고 대답했다면, 그 응답자는 라면을 실제로 안 먹는다는 것을 말한다. 결혼한 횟수를 비율척도로 질문할 경우에 어떤 응답자가 0이라고 대답했다면, 그 응답자는 결혼을 한 번도 안 했다는 것을 의미한다. 연구자가 설문지를 수거해 응답의 결과를 컴퓨터에 입력하는 과정을 코딩이라고 하는데, 등간척도로 측정한 결과를 코딩할 때 0으로 입력할 수 있다. 7점 리커트 척도 문항으로 측정했을 경우, 이 응답을 코딩할 때 어떤 연구자는 전혀 그렇지 않다, 거의 그렇지 않다, 별로 그렇지 않다, 보통이다, 약간 그렇다, 상당히 그렇다, 매우 그렇다에 각각 0, 1, 2, 3, 4, 5, 6로 입력을 할 수도 있고 1, 2, 3, 4, 5, 6, 7로 입력할 수도 있다. '전혀 그렇지 않다'를 0으로 입력했다는 것은 절대적 0을 의미하는 것이 아니라 상대적으로 그럴 가능성이 적다는 것을 의미한다. 비율척도로 측정한 결과와 등간척도로 측정한 결과 모두 코딩할 때는 0으로 입력할 수도 있지만, 그 0의 의미가 다름을 알아야 한다.

〈그림 2-16〉은 4가지 유형의 척도를 쉽게 설명하고 있다. 명목척도는 결승선을 통과한 선수의 등번호로서 선수를 구별하는 데만 쓰이는 것이고, 서열척도는 결승선을 통과한 순서대로 선수에게 숫자를 부여하는 것이고, 등간척도는 10점 척도로 선수들의 역량을 평가한 것이고, 비율척도는 선수들이 결승선에 통과하는 데 걸린 시간에 해당한다.

x^2-test에 대해 알아보자. 이 단어를 다양하게 읽는데 카이 자승 테스트, 카이 스퀘어 테스트 등으로 읽는다. 우리말로는 교차분석이라고 한다. 언론보도의 유형을 단신, 기획기사, 기타 등으로 분류하는 경우를 생각해 보자. 보도의 유형을 저렇게 구분한다는 것은 명목척도로 활용했음을 의미한다. A매체의 기사들을 단신, 기획기사, 기타 등으로 분류하고, B매체의 기사들도 동일하게 분류했다고 가정하자. 매체를 A, B 등으로 구분한 것 역시 명목척도를 활용했음을 의미한다. 매체에 따라 우리 기업이나 고객사를 다루는 기사의

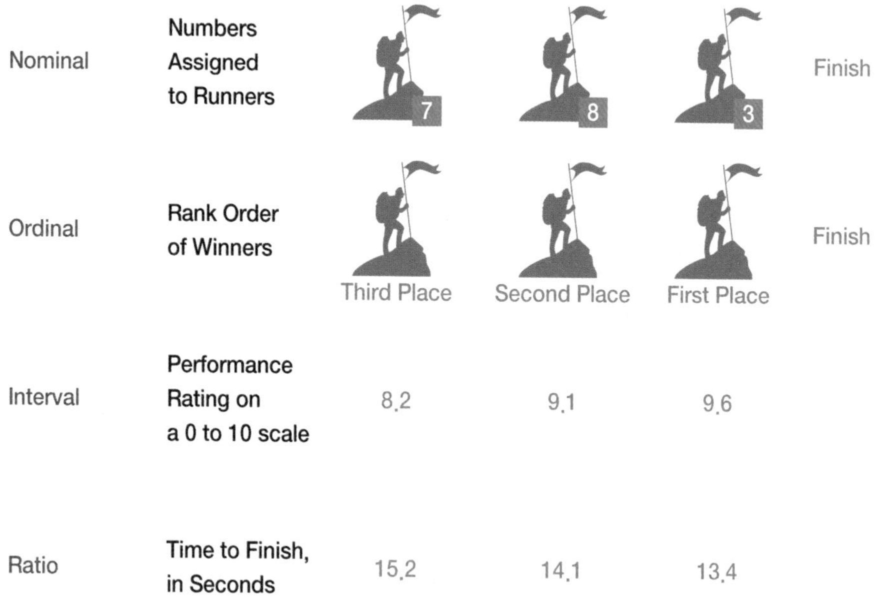

		First runner	Second runner	Third runner	
Nominal	Numbers Assigned to Runners	7	8	3	Finish
Ordinal	Rank Order of Winners	Third Place	Second Place	First Place	Finish
Interval	Performance Rating on a 0 to 10 scale	8.2	9.1	9.6	
Ratio	Time to Finish, in Seconds	15.2	14.1	13.4	

● 그림 2-16. 명목척도, 서열척도, 등간척도, 서열척도의 차이

자료: Malhotra (2015).

유형에 차이가 있는지를 알고 싶을 때 활용할 수 있는 통계기법이 x^2-test이다. 이렇게만 기억하자. x^2-test는 'A에 따라 B의 차이가 있다'와 같은 가설을 검증할 때, 또 A와 B 모두 명목척도 혹은 서열척도로 측정되었을 때 활용할 수 있는 통계기법이다.

예를 들어 고객사를 다루는 A매체의 전체 기사 중 25%가 단신, 44%가 기획기사였고, B매체의 기사 중 62%가 단신, 10%가 기획기사였고, 그 차이가 x^2-test를 통해 통계적으로 유의미한 것으로 밝혀졌다면, PR실무자는 향후 두 매체에 대한 언론홍보 활동의 방향을 수정해야 할 것이다. A매체의 경우에는 기획기사 위주로 언급되어 심층적인 정보가 독자들에게 충실히 전달될 가능성이 높다는 점에서 기존 언론홍보 활동의 유지가 적절하겠지만, B매체는 주로 단신으로 우리 기업이나 고객사를 언급하고 있어 기사의 심층성이나 정보성이 떨어지므로 B매체에 대한 기존 언론홍보의 문제점이 무엇인지를 파악한 후, 새로운 접근 방법을 모색해야 할 것이다. 이런 진단과 대응방안을 실행할 때 활용되는 기법이 x^2-test이다.

t-test에 대해 알아보자. t test, t 검증 등으로 읽는다. 두 집단 간의 평균값의 차이를 검증할 때 활용하는 통계기법이다. t-test에는 독립표본 t-test, 일변량(단일표본) t-test, 대응표본 t-test 등이 있는데, 이 중에서 비교적 많이 쓰이는 독립표본 t-test만 살펴보자. 우리 기업이나 고객사에 관한 기사의 우호도를 측정해 보니 A매체는 7점 만점에 5.6점을, B매체에서는 4.9점을 받았다. 매체를 A, B로 구분한 것은 명목척도를 활용했음을 의미하고 기사의 우호도를 7점 리커트척도로 측정했다는 것은 등간척도로 측정했음을 의미한다. PR실무자는 두 점수의 차이가 통계적으로 유의미한 것인지 알고 싶을 것이다. 매체에 따라 기사의 우호도가 차이가 나는지를 알고 싶을 때 활용할 수 있는 통계기법이 t-test이다. 이것만 기억하자. t-test는 'A에 따라 B의 차이가 있다'와 같은 가설을 검증할 때, 또 A는 명목척도 혹은 서열척도로 측정되었을 때, B는 등간척도 혹은 비율척도로 측정되었을 때 활용할 수 있는 통계기법이다. 이 기법은 집단 간의 평균값을 비교하는 데 쓰이는 기법으로 꼭 기억해야 할 것은 비교할 수 있는 집단이 2개라는 점이다. 남녀에 따른 특정 브랜드에 대한 충성도 차이(남성집단과 여성집단의 브랜드충성도 평균값 차이), 자동차 소유 유무에 따른 특정 자동차기업의 신차 구매의도 차이(자동차 소유집단과 자동차 비소유집단의 구매의도 평균값 차이) 등을 예로 기억하면 된다.

이 분석결과는 x^2-test에서와 마찬가지로 PR실무자에게 향후 언론홍보 활동의 방향을 재설정할 기회를 제공한다. 앞서 예시한 점수 차이가 t-test를 통해 통계적으로 유의미한 것으로 밝혀졌다면 B매체를 대상으로 하는 기존 언론홍보 활동의 문제점이 무엇인지를 살펴봐야 한다. 우리 기업 혹은 고객사와 B매체와의 구조적 문제는 없는지 혹은 PR실무자와 담당 기자와의 문제는 없는지를 거듭 점검한 후, 문제점이 발견되면 이를 즉시 시정해야 한다.

ANOVA에 대해 알아보자. '아노바'로 읽으며 학자에 따라 변량분석 혹은 분산분석 등으로 번역한다. 이 기법은 3개 집단 이상의 평균값 차이를 검증할 때 활용하는 통계기법이다. t-test와 구별되는 가장 중요한 점은 t-test는 두 집단 간의 평균값 차이를 파악할 때 쓰는 기법이라면 ANOVA는 세 집단 이상의 평균값 차이를 검증할 때 활용하는 기법이다. 엄밀히 말하면 ANOVA는 두 집단의 평균값 차이도 검증할 수 있지만 두 집단 간 평균값 차이 검증에 특화되어 있는 t-test가 있으므로 관행적으로는 두 집단 간 평균값 비교를 할 때는 ANOVA를 쓰지는 않으며, ANOVA는 세 집단 이상의 평균값을 비교할 때 쓴다.

A매체, B매체, C매체 등 3개 매체의 기사를 비교해 보는 경우가 있을 수 있다. 앞서 설명한 t-test는 두 매체 간의 우호도만 비교할 수 있는 통계기법이지만 ANOVA는 세 매체 간 혹은 더 많은 매체 간의 우호도를 비교할 수 있게 해주는 기법이다. A매체의 우호도 점수가 7점 만점에 5.6점, B언론사의 우호도 점수가 4.9점, C언론사의 우호도 점수가 6.0점으로 나왔다. 매체를 A, B, C로 구분한 것은 명목척도를 활용했음을 의미하고 기사의 우호도를 7점 리커트척도로 측정했다는 것은 등간척도로 측정했음을 의미한다. PR실무자는 세 점수의 차이가 통계적으로 유의미한 것인지 알고 싶을 것이다. 매체에 따라 기사의 우호도가 차이가 나는지를 알고 싶을 때 활용할 수 있는 통계기법이 ANOVA이다. 이것만 기억하자. ANOVA는 'A에 따라 B의 차이가 있다'와 같은 가설을 검증할 때, 또 A는 명목척도 혹은 서열척도로 측정되었을 때, B는 등간척도 혹은 비율척도로 측정되었을 때 활용할 수 있는 통계기법이다. 이 기법은 집단 간의 평균값을 비교하는 데 쓰이는 기법으로 꼭 기억해야 할 것은 비교할 수 있는 집단이 3개 이상이라는 점이다. 연령대에 따른 특정 브랜드에

● 표 2-6. 통계 강의 기관

기관	홈페이지	강의 프로그램	기간
연세대학교 통계연구소	http://yiss.yonsei.ac.kr/	SPSS, R	매년 두 차례 (방학 기간)
서울대학교 통계연구소	http://stat.snu.ac.kr/sri/kor/document/main/main.php	SPSS, R	매년 두 차례 (방학 기간)
고려대학교 통계연구소	http://stat.korea.ac.kr/stat/statlab01.do	SPSS, SAS, R, AMOS	매년 두 차례 (방학 기간)
데이타솔루션	http://www.spss.co.kr/	SPSS, AMOS	상시

대한 충성도 차이(10대, 20대, 30대, 40대, 50대의 브랜드충성도 평균값 차이), 거주지에 따른 ○○○ 대통령 지지도 차이(수도권, 충청권, 강원권, 전라권, 경상권 거주자들의 대통령 지지도 평균값 차이) 등을 예로 기억하면 된다.

단순하게 빈도만을 계산하는 언론보도 분석이나 서베이 분석보다 그 빈도 혹은 수치의 통계적인 의미까지 알 수 있는 기초적인 통계기법에 대해 간략하게 살펴보았다. 언론보도나 서베이 분석을 통한 제1형 데이터의 개발은 많은 비용도 들지 않는다는 점에서도 충분히 고려할 만한 접근이다. 특히 t-test와 ANOVA는 마케팅, PR, 광고의 핵심 단계인 고객세분화에 반드시 활용해야 하는 기법이다. 이에 관해서는 3부에서 자세하게 설명한다.

통계는 여전히 어렵게 느껴진다. 리서치회사에 돈을 주면서도 (아는 것이 없기 때문에) 속 시원하게 업무를 지시하지도 못하고 그냥 지켜보기만 할 것인가? 대학의 광고홍보학과, 미디어커뮤니케이션학과, 언론정보학과, 신문방송학과 등에는 대부분 사회과학연구방법론과 통계 과목을 개설하고 있다. 데이터 기반 PR에 관심이 있거나 이를 향후의 PR현업에 적용하고자 하는 대학생들은 사회과학연구방법론과 통계 과목을 반드시 수강할 것을 권장한다. 학부 때 쌓은 실력만으로도 데이터 기반 PR을 실행하기에 모자람이 없다.

사회과학연구방법론과 통계 과목을 수강하지 않고 졸업해 버린 PR실무자에게는 기초적인 통계를 배울 수 있는 곳을 소개한다. 과학적·통계적인 데이터에 기반함으로써 상사나 고객사의 신뢰를 얻을 수 있으며, 이를 통해 자신이 몸담은 기업이나 고객사의 문제를 과학적으로 파악하고 관리할 수 있다면, 충분히 배울 만한 가치가 있지 않을까? 〈표 2-6〉에서는 대표적인 통계 프로그램인 SPSS나 SAS를 배울 수 있는 기관들을 소개한다.

3장 제2형 데이터

1. 인터뷰 기반 자료수집방법 개요 및 주의사항

제2형 데이터는 PR실무자가 특정한 PR기획이나 컨설팅을 위해 스스로 개발한 데이터로서 수치화할 수 없는 것을 의미한다. 심층면접(in-depth interview), 포커스그룹인터뷰(focus group interview) 등을 활용해 관찰한 결과로서, 숫자로 표현할 수 없는 데이터라 할 수 있다. 기존 제품의 리포지셔닝을 위해 제품 사용자들을 선별해 제품과 PR에 대한 사용자들의 반응을 확인하려고 할 때, 심층면접이나 포커스그룹인터뷰를 활용할 수 있다. PR, 광고, 마케팅의 상황분석에서 서베이와 같은 양적 연구방법의 결과에만 의존하려는 경향도 간혹 나타나는데, 심층면접과 포커스그룹인터뷰로 대표되는 질적 연구방법도 PR, 광고, 마케팅에서 다양한 목적으로 활용된다.

심층면접과 포커스그룹인터뷰와 같은 인터뷰 기반 자료수집방법을 활용 시에 반드시 주의해야 할 것이 있다.

첫째, 인터뷰 참가자 선정에 신중을 기해야 한다. 이 질적 연구방법들은 매우 적은 수의 참가자를 대상으로 진행하는 방법이므로 참가자 구성을 최대한 균형 있게 해야 한다. 예컨대 특정 조직에 대해 매우 부정적이거나 매우 긍정적으로 인식하는 사람들로만 인터뷰를 진행한다면, 그 인터뷰의 결과는 매우 편향적일 수 있다. 소수의 인터뷰 참가자의 응답이 PR기획의 방향을 좌우하는 것을 방지하기 위해 사안(제품, 브랜드, 서비스, 정책 등)에 대한 태도에 따라 인터뷰를 분리해 여러 차례 실시하는 것이 바람직할 수 있다.

예를 들어 포커스그룹인터뷰를 진행한다면 특정 정책에 우호적인 집단과 비우호적인 집단으로 두 집단을 구성하거나 특정 제품을 사용해 본 집단과 사용해 보지 않은 집단으로 집단을 구분하는 것이 필요하다. 심층면접은 대개

〈PR Tip 2-6〉 심층면접의 특징

1. 일반적으로 적은 수의 표본을 이용한다.
2. 응답자가 왜 그러한 답변을 했는가 하는 이유까지도 알 수 있다. 즉, 응답자의 의견, 가치, 동기, 경험, 정서 등에 관한 자세한 사항까지도 알 수 있다
3. 응답자의 비언어적 반응까지도 관찰할 수 있다.
4. 긴 시간을 요구한다. 다른 개인면접법과 달리 장시간 지속될 수도 있고 그러한 면접이 몇 번에 걸쳐 반복 실시될 수도 있다.
5. 이 면접법은 응답자 개개인에 더 많은 관심을 가진다. 개인면접에서는 모든 응답자가 같은 질문에 답하지만 이 면접법에서는 면접자가 각 응답자의 응답을 바탕으로 다양한 질문을 하게 된다.
6. 이 면접법은 분위기에 많은 영향을 받는다. 이 면접법의 성패는 면접원과 응답자 간의 화합에 의해 크게 좌우된다.
7. 상세한 대답을 구할 수 있어 다른 서베이 방법과 비교해 볼 때 민감한 사회문제에 대한 정확한 답변을 얻어낼 수 있다.
8. 표집이 무작위로 이루어지지도 않고 적은 수의 표본을 바탕으로 하기 때문에 그 결과를 일반화하는 데는 무리가 따른다.
9. 면접을 통해서 얻은 자료들을 연구자가 면접원과는 전혀 다른 측면의 분석으로 이끌어갈 수 있는 위험의 여지를 안고 있다.

자료: 위머와 도미닉 (1994).

인터뷰 진행자와 참가자가 1 대 1로 진행하는데, 이 경우에도 우호적인 참가자 1명과의 인터뷰를 진행하고, 비우호적이 참가자 1명과의 인터뷰를 별개로 진행하는 것이 바람직하다.

인터뷰 기반 자료수집방법은 소수의 참가자를 대상으로 한다는 점에서 연구결과의 신뢰성에 의문을 제기할 수도 있다. 서베이는 다수의 표본(응답자)

을 대상으로 진행하므로 표본 중 매우 특이한 성향과 경향을 갖고 있는 사람이 한둘 있다 하더라도, 다른 다수의 응답자가 있기 때문에 이들 아웃라이어(outlier, 통계적 이상치)가 전체 표본의 응답 결과에 결정적인 영향을 미치기는 어렵지만, 심층면접과 포커스그룹인터뷰는 소수를 대상으로 하는 방법이므로 한두 명의 특이 성향자만으로도 연구결과의 왜곡이 생길 수 있다는 점에서 참가자 선정에 더욱 신중을 기해야 한다. 이런 한계를 극복하기 위해 크루거와 케이시(Krueger & Casey, 2000)는 인터뷰 자격을 갖춘 사람의 풀(pool)을 만들어 그중에서 무작위로 참가자를 추출하는 참가자 선정방법을 제안한다.

둘째, PR실무자 자신의 관점, 선입견으로 참가자들을 오도해서는 안 되며 참가자의 적극적 반응을 유도하는 데 최선을 다해야 한다. 면접 과정에서 최대한 객관적인 자세를 유지함으로써 참가자들이 심중의 말을 꺼낼 수 있도록 배려해야 한다. 심층면접과 포커스그룹인터뷰의 방법론적 장점은 서베이와는 달리 응답자로부터 심층적인 정보를 얻을 수 있다는 데 있다. 정형화된 질문으로 한정적인 답변을 요구하는 서베이와는 달리 형식에 비교적 적게 구애받음으로써 응답자들이 더 많은 정보를 자발적으로 제공하는 심층면접과 포커스그룹인터뷰의 장점을 극대화해야 한다.

심층면접, 포커스그룹인터뷰 등과 같은 인터뷰 기반 자료수집방법을 효과적으로 진행할 수 있는 방법을 제시한다. 인터뷰가 이루어지는 공간에 따라 인터뷰를 대면인터뷰, 전화인터뷰, 서면인터뷰 등으로 나눌 수 있는데, 대면인터뷰를 권장한다. 인터뷰를 활용해 수집한 자료의 풍부함과 심층성은 대면인터뷰가 가장 뛰어나고, 서면인터뷰가 가장 부족함을 경험적으로 알 수 있다. 특히 인터뷰 참가자에게 질문을 메일이나 우편으로 보내고 인터뷰 참가자가 자발적으로 그 질문에 답하는 방식의 서면인터뷰는 인터뷰 참가자에게 상당한 대가를 지불하지 않을 경우, 응답 내용이 부실해지는 뚜렷한 경향이

〈PR Tip 2-7〉 포커스그룹인터뷰의 특징

1. 포커스그룹인터뷰의 장점

   1) 이 기법은 사회환경에서 일어나는 실제의 생활을 포착하는, 그야말로 사회적
     으로 지향된 연구방법이다
   2) 이 기법은 융통성이 있다
   3) 이 기법은 타당도가 높다
   4) 이 기법은 빠른 결과를 보여준다
   5) 이 기법은 비용 면에서 저렴하다

2. 포커스그룹인터뷰의 단점

   1) 연구자가 개인면접 때보다는 포커스그룹을 통제하기가 더 어렵다
   2) 자료분석이 어렵다
   3) 중재자에게 특별한 기술이 요구된다
   4) 집단 간 차이가 곤란한 상황을 가져올 수 있다
   5) 집단으로 모이기가 힘들다
   6) 토의가 촉진되는 환경에서만 시행되어야 한다

자료: Babbie (2013).

있다(이영희, 2007).

   인터뷰는 질문방식에 따라 삼각형 방식과 역삼각형 방식으로 나눌 수 있
다. 앞서 '서베이 8대 원칙'을 역삼각형의 원칙, 최소한의 원칙, 신의의 원칙,
확인의 원칙, 2배의 원칙, No room의 원칙, 사전 테스트의 원칙, 척도 적합형
문항 작성의 원칙 등으로 설명했는데, 서베이에서와 마찬가지로 인터뷰에서

도 역삼각형 방식이 바람직하다. 인터뷰를 진행하는 사람이 가장 알고 싶은 것부터 질문하는 것이 좋다. 인터뷰의 시간이 길어질수록 인터뷰 참가자가 제공하는 응답의 질과 양이 부실해지기 때문이다.

인터뷰 내용을 기록하고 녹음하는 방식에도 세심한 주의가 따른다. 우선 인터뷰 참가자가 하는 모든 말을 받아쓰려고 해서는 절대 안 된다. 속기자 자격증이 있지 않는 한 참가자의 모든 말을 빠짐없이 받아쓰는 것도 불가능하지만, 그런 능력이 있다 하더라도 모든 말을 받아써서는 안 된다. 인터뷰 진행자가 그런 모습을 보이는 순간, 인터뷰에 참여하는 모든 사람(인터뷰 진행자 및 인터뷰 참가자)의 눈 끝은 인터뷰 진행자가 들고 있는 펜 끝에 모여 아이 컨택(eye contact)이 불가능해진다. 인터뷰라는 자료수집방법의 장점은 인터뷰 참가자가 무엇을 더 말하고 싶어 하며, 무엇을 말하기를 꺼려 하는지를 인터뷰 진행자가 즉시 포착함으로써 더 풍부한 인터뷰를 이끌어내는 데 있다. 더 풍부한 논의를 이끌어내기 위해서는 인터뷰 참가자의 얼굴색과 표정, 몸짓 등을 지속적으로 관찰해야 하는데, 인터뷰 진행자가 모든 말을 받아쓰려고 하는 순간, 인터뷰 참가자의 태도와 감정의 변화를 읽어내지 못한다.

그렇지만 인터뷰를 진행하는 동안 아무것도 받아쓰지 말라는 것은 아니다. 참가자가 말할 때는 키워드 중심으로 노트를 하는 것이 꼭 필요하다. 정확히 말하면 노트를 하는 행위가 필요하다. 인터뷰 진행자가 노트를 하는 행위는 참가자에게 '이 사람이 나의 말을 주의 깊게 듣고 있구나'라는 인식을 줄 수 있고, 더 적극적인 인터뷰 참가를 동기부여할 수 있기 때문이다.

앞서 인터뷰 참가자의 모든 말을 받아쓰지 말라고 했던 또 다른 이유는 녹음기를 활용하면 되기 때문이다. 인터뷰의 전 과정을 녹음하는 것이 필요하다. 키워드 중심으로 받아써야 하므로 녹음이 반드시 필요하다. 대부분의 스마트폰에 있는 녹음 애플리케이션만으로도 충분하지만 좀 더 고음질의 녹음을 원한다면 핀마이크를 활용하는 것도 좋다. 그런데 녹음기를 어디에 두는지에 대

항목	세부 내용		
인터뷰 참가자	2014년도 신입생 중 단과대학별 1인, 기존 재학생 중 단과대학별 1인		
인터뷰 방법	포커스그룹인터뷰(focus group interview)		
인터뷰 기간	2014년 5월 네 번째 주		
그룹 수	2그룹(총 12명)		
그룹 구성	그룹 특성	일시	인원
1그룹	2014학년 신입생	2014년 5월 19일	6명
2그룹	기존 재학생	2014년 5월 22일	6명

● 표 2-8. 포커스그룹인터뷰 참가자 프로파일

	ID	이름	학번	단과대학	학과	출신지
1그룹 (2014학년 신입생)						
2그룹 (기존 재학생)						

해서도 생각해 봐야 한다. 녹음기를 인터뷰 참가자의 눈에 보이는 곳에 두게 되면 참가자는 은연중에 진행자의 눈을 쳐다보기보다는 녹음기를 쳐다보게 됨으로써 아이 컨택이 이루어지지 않게 되는 상황이 생긴다. 따라서 녹음을 한 다는 사실을 참가자에게 고지한 다음에는 참가자의 시선에서 녹음기를 멀리 하는 것이 좋으며, 핀마이크를 참가자의 옷에 부착하는 것도 추천한다.

인터뷰 기반 자료수집방법을 채택할 때도 다른 양적 연구와 마찬가지로 어떤 절차와 방법을 거쳐 연구가 진행되었는지에 관한 연구설계를 제시해야 한다. 심층면접과 포커스그룹인터뷰를 진행했을 때는 〈표 2-7〉과 〈표 2-8〉처럼 최소 2개의 표를 만들어 연구설계를 제시한다. 이 장에서 제시하고 있는 여러 예는 필자가 재직 중인 순천향대학교의 PR 및 브랜드 관련 학내 프로젝트 보고서에서 일부 발췌했다.

2. 인터뷰 기반 자료수집방법 활용 시의 연구결과 제시 방법

심층면접과 포커스그룹인터뷰는 이 연구방법에 참여한 사람들의 말을 분석하는 연구방법이지만 그렇다고 해서 PR·광고·마케팅 현업에서 활용해야 하는 인터뷰 결과 보고서를 영화나 연극의 대본처럼 참가자의 말을 그대로 옮겨 쓰는 것은 곤란하다. 물론 PR·광고·마케팅 기획서의 상황분석에서 특정 참가자의 말이 매우 중요한 시사점이 있을 때는 그 말을 특별히 강조하기 위해 말을 그대로 옮겨 쓸 수는 있지만, 이런 경우를 제외하고는 영화의 대본과 같은 방식으로 결과를 제시하면 안 된다.

PR기획자가 심층면접과 포커스그룹인터뷰를 채택해 상황분석을 하는 본질적인 이유는 참가자들의 말 속에서 특정 문제에 대한 패턴을 발견하기 위해서이다. 따라서 인터뷰기법을 활용한 관찰의 결과 제시는 참가자들의 말 속에서 반복적으로 발견되는 패턴이 있는가를 제시하는 것이다. 이런 패턴의

● 표 2-9. 표를 활용한 심층면접과 포커스그룹인터뷰의 결과 제시 샘플

1그룹	순천향대학교 브랜드이미지	입학 전 이미지	긍정적 이미지	· · ·
			부정적 이미지	· ·
		입학 후 이미지	긍정적 이미지	· · ·
			부정적 이미지	· ·
2그룹	순천향대학교 브랜드이미지	입학 전 이미지	긍정적 이미지	· · ·
			부정적 이미지	· ·
		입학 후 이미지	긍정적 이미지	· · ·
			부정적 이미지	· ·

제시는 표와 그림으로도 가능하다. 다시 한번 강조하지만 인터뷰 기반 자료 수집방법이라 해서 그 결과를 대본의 형식으로 제시하는 것은 지양해야 하며, 인터뷰 참가자들의 말 속에서 어떤 패턴이 발견되고 있는지를 〈표 2-9〉와 〈그림 2-17〉처럼 표와 그림으로 제시해야 한다.

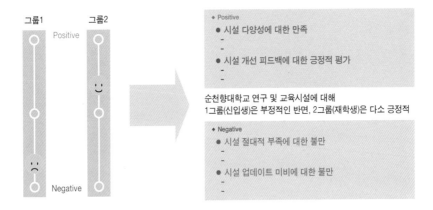

그림 2-17. 그림을 활용한 심층면접과 포커스그룹인터뷰의 결과 제시 샘플

4장 제3형 데이터

페이스북에 우리 기업이 오랫동안 준비한 이벤트를 알리는 콘텐츠를 올리려고 한다. PR 및 광고실무자라면 무슨 요일에, 또 몇 시에 콘텐츠를 올려야 더 많은 사람에게 노출되고, 더 많은 사람이 공유할 것인가에 대해 당연히 고민해야 한다. 정답은 화요일 오전 11시이다. 무슨 요일, 몇 시에 사람들이 소셜미디어를 가장 많이 활용하는지를 일일이 관찰하지도 않았는데, 요일과 시간대를 콕 집어서 제시할 수 있는 것은 전국에 있는 소셜미디어 사용자의 소셜미디어 이용패턴을 직접 관찰해서 그 관찰의 결과를 데이터화(化)한 보고서가 있기 때문이다. 〈그림 2-18〉과 〈그림 2-19〉는 소셜미디어의 댓글 플랫폼을 개발해 공유와 댓글 경향을 빅데이터분석 하는 업체인 시지온이 제공한 소셜미디어 이용패턴 분석 보고서의 일부이다. 〈그림 2-18〉과 〈그림 2-19〉에서 보는 것처럼 화요일과 오전 11시에 소셜미디어 이용을 가장 많이 하므로 이때에 콘텐츠를 올리는 것이 가장 적절하다. 다만 월요일의 이용량도 적지 않고 오전 10시대부터 이용량이 급증하므로 월요일 오전 10시에 올려서 화요일까지 분위기를 이어나가는 타이밍 전술도 추천할 만하다.

제3형 데이터[15]는 다른 연구자가 이미 개발한 데이터 중에서 수치화되어 있는 것을 의미한다. 비용이 적게 들고 검색 능력만 있으면 누구나 쉽게 이용할 수 있다는 점에서 PR 및 광고실무자들이 가장 광범위하게 활용할 수 있는 데이터이다.

예를 들어 수도권의 30대를 겨냥하는 이동통신사의 새로운 브랜드 출시에 맞춰 MPR을 실행하려고 한다면 이들이 주로 어디에서 쇼핑을 하는지, 어떤

---

15 사회과학연구방법론에서 일컫는 2차자료(secondary data)와 필자가 명명한 제3형 데이터는 유사한 개념이다.

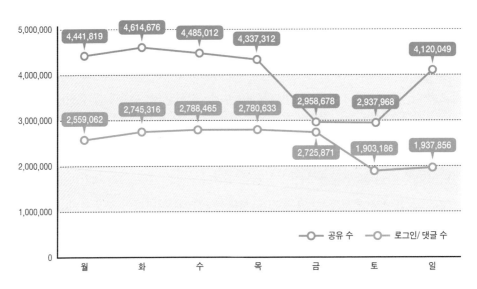

● 그림 2-18. 소셜미디어 공유 및 로그인 빈도의 요일별 추이

자료: 시지온 (2017).

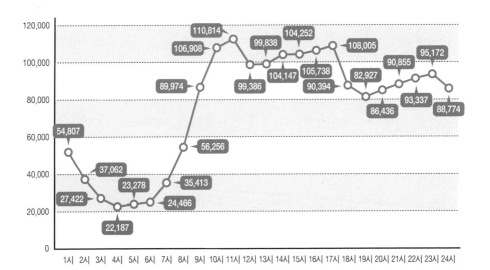

● 그림 2-19. 소셜미디어 공유 빈도의 시간대별 추이

자료: 시지온 (2017).

● 표 2-10. 30대 남녀 소비자조사 1

	30대 남성	30대 여성
매체별 하루 평균 이용 시간	지상파채널(99분) > 모바일인터넷(84분) > PC 인터넷(66분) > 종합편성채널(62분) > 케이블채널(54분) > 라디오(21분) > DMB(8분) > 신문(4분)	지상파채널(120분) > 모바일인터넷(80분) > 종합편성채널(62분) > 케이블채널(60분) > PC인터넷(48분) > 라디오(11분) > DMB(7분) > 신문(2분)
선호 광고 모델	설현(15%) > 수지(7%) > 아이유(5%) > 전지현(5%) > 공유(4%)	공유(16%) > 송중기(13%) > 박보검(6%) > 전지현(5%) > 정우성(5%)
라이프 스타일 및 가치관	- 내가 좋아하는 취미생활에 투자하는 돈은 아깝지 않다(76%) > 전체(71%) - 비싸더라도 유명 브랜드 제품을 구입하는 편이다(68%) > 전체(61%) - 다른 사람들이 아직 알지 못하는 최신 제품이나 브랜드를 찾아내는 것을 좋아한다(62%) > 전체(56%) - 남들보다 먼저 브랜드를 구매하기 위해 가격을 더 지불할 용의가 있다(59%) > 전체(53%) - 결론: 자신의 만족이나 즐거움을 위해 더 많은 돈을 지출할 의향이 높은 집단	- 관심 있는 상품이나 서비스에 대해 자주 잡지나 인터넷을 찾아본다(70%) > 전체(58%) - 내가 산 제품을 나만의 취향과 필요에 맞도록 바꾸기도 한다(69%) > 전체(58%) - 구매하는 브랜드에 대해 더 알기 위해 포장지나 안내자료, 인터넷 정보를 자주 읽는다(67%) > 전체(58%) - 쇼핑은 내 생활의 즐거움이다(65%) > 전체(51%) - 결론: 쇼핑을 생활의 즐거움으로 간주하며, 평소에도 제품에 대한 정보를 수집하는 등 쇼핑애호가적 성향 뚜렷
주요 관심사	결혼(20%) > 자녀양육(16%) > 일(15%) > 재산증식(14%) > 건강(9%) > 가족관계(5%) > 주택(4%)	자녀양육(41%) > 건강(14%) > 가족관계(8%) > 재산증식(8%) > 결혼(7%) > 외모(6%) > 일(5%)
평일 여가활동	TV시청(76%) > 인터넷 서핑(60%) > 친구와 함께 시간 보내기(50%) > 잠자기(37%) > 가족과 시간 보내기(35%) > 휴식(35%) > 게임(28%) > 소셜미디어 이용(26%) > 인터넷쇼핑 및 홈쇼핑(21%) > 인터넷영화 및 인터넷드라마 보기(18%)	TV시청(77%) > 인터넷 서핑(63%) > 친구와 함께 시간 보내기(50%) > 인터넷쇼핑 및 홈쇼핑(43%) > 가족과 시간 보내기(38%) > 잠자기(35%) > 휴식(32%) > 소셜미디어 이용(28%) > 인터넷영화 및 인터넷드라마 보기(17%) > 게임(16%)
주말 여가활동	TV시청(66%) > 잠자기(64%) > 가족과 시간 보내기(63%) > 친구와 함께 시간 보내기(59%) > 휴식(50%) > 인터넷 서핑(44%) > 당일 근교 나들이(44%) > 영화관람(42%) > 백화점, 할인점, 시장 등 쇼핑(38%) > 동호회 및 모임 참석하기(33%)	가족과 함께 시간 보내기(71%) > TV시청(66%) > 잠자기(52%) > 백화점, 할인점, 시장 등 쇼핑(51%) > 당일 근교 나들이(49%) > 친구와 함께 시간 보내기(48%) > 휴식(45%) > 인터넷 서핑(44%) > 영화관람(43%) > 동호회 및 모임 참석하기(23%)
쇼핑경로	- 대형할인점(3개월): 전체(82%) > 30대 남성(79%) - 편의점(1개월): 30대 남성(89%) > 전체(78%) - 드럭스토어(3개월): 전체(15%) > 30대 남성(5%) - 온라인커머스(3개월): 30대 남성(68%) > 전체(50%)	- 대형할인점(3개월): 30대 여성(94%) > 전체(82%) - 편의점(1개월): 30대 여성(80%) > 전체(78%) - 드럭스토어(3개월): 30대 여성(43%) > 전체(15%) - 온라인커머스(3개월): 30대 여성(76%) > 전체(50%)

자료: 한국방송광고진흥공사 (2018).

매체를 선호하는지, 선호하는 여가활동은 무엇인지, 어떤 연예인을 선호하는지 등에 관한 광범위한 조사가 선행되어야 한다. PR실무자가 이 MPR을 하기 위해 타겟에 관해 직접 조사한다면, 제1형 데이터를 확보하는 셈이다. 그러나 앞서 말한 바와 같이 제1형 데이터의 확보에는 적지 않은 시간과 돈이 필요하므로 PR기획을 할 때마다 소비자조사를 매번 한다는 것이 쉽지 않다. 이때 공신력 있는 단체가 사회과학연구방법론이 권장하는 절차에 따라 소비자를 조사한 자료가 있다면 이 자료를 활용하는 것이 현명하다.

제3형 데이터는 바로 그와 같은 수치화된 기존 자료를 의미한다. 다시 수도권의 30대를 타겟으로 삼는 이동통신 신규 브랜드의 출시로 돌아가 보자. 별도의 시간이나 돈을 쓰지 않고도 PR기획자는 이들 타겟의 성향을 쉽게 알 수 있다.

〈표 2-10〉은 한국방송광고진흥공사가 매년 발간하는 〈소비자행태조사 보고서〉에서 해당 타겟층의 매체 이용 습관과 라이프스타일 특성 자료만을 발췌한 부분이다. 매체 이용 습관에 관한 완벽한 이해를 위해 이것만으로는 부족하다고 느끼는 부지런한 PR실무자는 이런 데이터도 찾을 수 있다.

〈표 2-11〉은 메조미디어의 〈2018 MEZZOMEDIA Target Audience Report: 30대〉에서 발췌한 것이다. 이제 PR실무자는 타겟의 행위적·심리통계학적 특성을 확보, 드디어 제3형 데이터를 확보한 셈이다. 이 데이터를 바탕으로 더 효과적인 메시지와 PR전술을 입안할 수 있다. 〈표 2-10〉와 〈표 2-11〉을 기반으로 가장 합리적인 매체믹스(media mix)[16]를 구상할 수 있을 것이고 가장 효

---

16 매체믹스(media mix)는 원래 광고업계의 용어로 상품을 광고하기 위해 여러 매체(미디어)를 조합함으로써 각 매체의 약점을 보완하는 기법을 가리키는 말이었다. 하지만 최근에는 하나의 매체로 표현할 수 없는 것을 소설, 만화, 애니메이션, 게임, 음악CD, TV드라마, 영화, 탤런트, 캐릭터 상품 판매 등의 다양한 방면으로 전개하는 것을 뜻하기도 한다. PR에서는 메시지를 가장 쉽고 광범위하게 전달하기 위해 여러 매체를 합리적으로 조합하는 것을 의미한다. PR에서도 메시지 전달의 수단으로 전통적인 퍼블리시티에만 의존하는 시대는 저물었고, 최근에는 트리플 미디어를 활용해 메

● 표 2-11. 30대 남녀 소비자조사 2

	30대 남성	30대 여성
영상 콘텐츠 시청 디바이스	모바일(35%) > TV(34%) > PC(25%)	모바일(39%) = TV(39%) > PC(18%)
모바일 인터넷 이용 용도	인터넷 서핑(71%) > 동영상 콘텐츠 시청(50%) > 소셜미디어 및 채팅(47%) > 게임(25%)	인터넷 서핑(85%) > 소셜미디어 및 채팅(59%) > 동영상 콘텐츠 시청(39%) > 게임(9%)
PC 인터넷 이용 용도	인터넷 서핑(90%) > 동영상 콘텐츠 시청(54%) > 소셜미디어 및 채팅(23%) > 게임(20%)	인터넷 서핑(83%) > 동영상 콘텐츠 시청(46%) > 소셜미디어 및 채팅(36%) > 게임(10%)
소셜 미디어 선호 순위	페이스북(80%) > 인스타그램(57%) > 카카오스토리(23%) > 밴드(17%) > 트위터(7%)	인스타그램(74%) > 페이스북(55%) >> 카카오스토리(30%) > 밴드(14%) > 트위터(7%)
온라인 실시간 방송 시청 경험	경험 있음(83%) > 경험 없음(17%)	경험 있음(61%) > 경험 없음(39%)
온라인 실시간 방송 주이용 콘텐츠	스포츠 이벤트(73%) > 뉴스, 속보, 기자회견(46%) > TV콘텐츠(드라마, 예능 등)(42%) > 1인 미디어 및 크리에이터 방송(35%) > 게임 중계 및 이벤트(32%) > 영화 및 드라마 관련 토크 및 이벤트 방송(22%)	TV콘텐츠(드라마, 예능 등)(61%) > 1인 미디어 및 크리에이터 방송(44%) > 영화 및 드라마 관련 토크 및 이벤트 방송(38%) > 스포츠 이벤트(38%) > 뉴스, 속보, 기자회견(34%) > 게임 중계 및 이벤트(4%)
선호 브랜디드 콘텐츠 유형	영화(55%) > TV프로그램 콜라보(31%) > 웹툰(30%) > 게임(27%) > 뮤직비디오 및 음원(23%) > 웹드라마(19%)	영화(49%) > TV프로그램 콜라보(36%) > 웹툰(33%) > 뮤직비디오 및 음원(29%) > 웹드라마(26%) > 게임(6%)

자료: 메조미디어 (2018).

과가 좋을 모델 혹은 유명인이 누구인지를 알 수도 있다. 또한 라이프스타일에 기초해 가장 어필할 수 있는 메시지를 고안해 낼 수도 있다.

그러면 이 제3형 데이터를 확보하는 데 드는 비용17은? 없다. 그저 인터넷

시지를 전달하고 있으므로 PR실무자들도 매체믹스에 관심을 가져야 한다.

17 한국방송광고진흥공사의 〈2017 소비자행태조사 보고서〉의 표본은 5000명이며, 종이설문지를 활용한 1:1 개별면접조사를 채택했다. 이 보고서 작성을 위한 용역비는 2억 8490만 원(부가세 포함)이다. 이런 '비싼' 보고서를 기관의 홈페이지에서 누구나 다운로드할 수 있다.

검색 능력과 부지런함만 겸비하고 있다면 양질의 제3형 데이터를 확보할 수 있다. 살펴본 것과 같은 수치화된 정보, 즉 제3형 데이터는 무궁무진하다. 다만 정보의 존재 자체를 몰라서, 또한 어디서 찾을 수 있는지를 몰라서 활용하지 못할 뿐이다.

〈표 2-12〉에서 제3형 데이터로 활용할 수 있는 데이터베이스와 유용한 보고서를 소개한다. 소개하는 보고서에 수록되어 있는 타겟에 관한 인구통계학적·심리통계학적 프로파일은 PR기획 및 집행의 정당성을 확인할 수 있다는 점에서 PR실무자나 고객사 모두에 도움이 될 것이다. 〈표 2-12〉에서 소개하는 보고서 이외에도 각 정부부처, 민간연구소 등의 자료실에는 제3형 데이터로 활용할 수 있는 정보가 많다.

제3형 데이터는 신뢰도가 높다는 점, 또한 적은 시간과 비용으로도 확보할 수 있다는 점에서 PR실무자에게는 대단히 유용하다. 특히 PR경력이 짧은 실무자가 선배의 도움 없이도 실행 가능한 계획을 입안하는 데 유용하다. 타겟에 관한 수치화된 정보를 잘 조합할 경우, 설득력 있는 메시지와 현실성 있는 전술을 마련할 수 있기 때문이다.

다만 제3형 데이터를 맹신할 경우, 생태학적 오류(ecological fallacy)에 빠질 수 있음을 명심해야 한다. 생태학적 오류란 어느 한 집단에 대해 알고 있는 어떤 것이 그 집단에 속한 하위집단에 자동적으로 적용된다고 믿을 때 발생하는 잘못된 추론을 의미한다(바비, 2013; 프레이와 보탄, 그리고 크렙스, 2000). 쉽게 말해 30대 여성의 심리통계적·행위적 특성에 대한 결과를 가지고 30대 직장 여성이나 30대 무직 여성에게 동일하게 적용할 경우에 발생할 수 있는 추론상의 오류를 말하는 것이다.

따라서 이런 오류를 극복하기 위해서는 제3형 데이터와 더불어 제1형, 제2형, 제4형 데이터 등을 동시에 활용하는 혼합적 연구방법이 필요하다.

● 표 2-12. 타겟공중 분석에 유용한 데이터베이스 및 보고서

데이터베이스 및 보고서	특징	URL
국가통계포털	국내, 국제, 북한의 주요 통계를 한곳에 모아 이용자가 원하는 통계를 한 번에 찾을 수 있도록 통계청이 제공하는 서비스. 현재 300여 개 기관이 작성하는 경제, 사회, 환경에 관한 1000여 종의 국가승인통계를 수록하고 있으며, 국제금융·경제에 관한 IMF, Worldbank, OECD 등의 최신 통계도 제공	http://kosis.kr/
공공데이터포털	행정안전부가 관리하는 포털사이트로 공공기관이 생성 또는 취득해 관리하고 있는 공공데이터를 제공. 공공데이터를 파일데이터, 오픈API, 시각화 등 다양한 방식으로 제공	https://www.data.go.kr/
KSDC DB	한국사회과학데이터센터에서 발행하는 1970년대 이후 국내의 정치, 경제, 사회, 문화, 정보화 등 다양한 분야의 통계 데이터와 해외기관(OECD, OPEC 등)에서 수집한 총 3만 3000여 개 항목의 통계자료 제공	http://www.ksdcdb.kr/
KOSSDA	한국사회과학자료원에서 운영하는 데이터 포털사이트로 정치, 경제, 사회, 심리, 문화 등 사회과학 전 영역에 걸친 양적 및 질적 자료와 연구 문헌 제공. 특히 모든 수록 자료를 특정 키워드로 동시에 검색할 수 있는 K-poll 기능 제공	http://www.kossda.or.kr/
한국종합사회조사(KGSS)	한국인의 기본적 속성, 가치, 행동방식, 한국사회의 구조와 변화 등에 관한 연구에 광범위하게 이용될 수 있는 사회학 조사 자료를 산출하기 위해 시행되는 연차적 전국표본조사 사업	http://kgss.skku.edu/
소비자행태조사 보고서	한국방송광고진흥공사가 1999년 이후 매년 소비자들의 매체 접촉 및 소비자행동 특성을 조사해 DB화한 전국단위 마케팅조사. 인구통계학적 특성, 라이프스타일, 매체 이용행태, 제품 이용행태 등을 분석	https://adstat.kobaco.co.kr/
Target Audience Report	메조미디어가 매년 실시하는 조사로 수용자를 성과 연령으로 세분화해 집단별 매체 이용 습관과 라이프스타일을 분석. 특히 디지털 매체 이용 습관에 대한 상세한 정보 제공	http://www.mezzomedia.co.kr/
미디어통계포털	정보통신정책연구원이 운영하는 포털사이트로 한국미디어 패널조사, 방송매체이용행태조사, 방송산업실태조사 등을 제공. 특히 뉴미디어 이용행태에 관한 상세한 정보를 제공	http://stat.kisdi.re.kr/
DMC 업종별(18종) 소비자 분석 보고서*	DMC미디어가 2013년부터 발간하는 연례 보고서로 18개 업종별로 소비자의 구매의사결정과정을 분석. 특히 구매 이전, 구매 시점, 구매 후으로 나누어 과정별 매체 이용 습관 및 정보 획득 경로를 분석	http://www.dmcreport.co.kr/
방송매체 이용행태 조사	방송통신위원회가 매년 정기적으로 다양한 매체에 대한 수용자의 전반적인 인식과 이용행위를 지속적으로 추적·분석해 발간하는 보고서	http://www.kcc.go.kr/

언론수용자 의식조사	한국언론진흥재단이 우리나라 언론 수용자들의 매체 이용행태와 인식을 알아보기 위해 지난 1984년부터 2년을 주기로 실시하고 있는 조사. 신문, 방송, 라디오, 잡지, 인터넷 등 매체별 이용정도, 각 매체에 대한 만족도, 신뢰도 등을 분석	http://www.kpf.or.kr/
신문 및 잡지 부수인증	한국ABC협회가 매년 실시하는 조사로 신문과 잡지의 유료 구독자와 발행부수를 공개	http://www.kabc.or.kr/
극장 영화소비자조사	영화진흥위원회의 연례조사로 성 및 연령별로 영화 관람 행태, 선호하는 영화 장르 등을 제공. 특히 영화관 광고 기획 시 유용	http://www.kofic.or.kr/
MarketLine Advantage	전 세계의 기업, 산업, 국가 등에 관한 보고서 및 시장, 금융, 도시 등의 데이터를 이용할 수 있는 DB. 215개 국가의 통계 데이터데이스, 3만 4000건이 넘는 기업정보, 4200건 이상의 산업정보 등을 제공	http://marketline.com/
ICPSR	미국 미시간대학교 부설 ICPSR은 미국 최대 사회과학데이터센터로서 1400년대부터 현재까지 세계 각국에서 수집한 정치, 경제, 사회, 문화, 행정, 국제관계, 보건의학, 인구학, 노인학, 교육 등 21개 분야의 1만 건 이상의 조사자료, 500만 건 이상의 변인자료, 7만 5000건 이상의 보고서 제공	https://www.icpsr.umich.edu/icpsrweb/
OECD iLibrary	OECD에서 발행하는 OECD 회원국가 및 세계 237개 국가의 자료를 바탕으로 경제, 상업, 법률, 금융, 교육, 통계 등의 데이터를 제공	http://www.oecd-ilibrary.org/

* 유료 보고서

5장 제4형 데이터

제4형 데이터는 다른 연구자가 이미 개발한 데이터 중에서 수치화가 되어 있지 않은 것을 의미한다. 네이버의 지식iN에 올라와 있는 자료들은 전형적인 제4형 데이터이다. 정부 부처의 각종 브리핑 자료, 기업의 사명(mission statement), 반대 세력의 성명 등도 이에 해당한다.

제4형 데이터는 그 자체로서의 과학적 의미는 없다. 그러나 제4형 데이터의 확보로부터 제1형 데이터와 제2형 데이터를 얻기 위한 작업이 시작된다. 가령 우리가 특정 타겟에 관한 서베이를 할 경우 혹은 특정 타겟을 대상으로 하는 포커스그룹인터뷰를 할 경우, 우리는 사전에 어느 정도의 지식이 있어야만 적절하고 정확한 질문을 할 수 있다. 이러한 '사전의 지식'이 제4형 데이터에 해당한다.

또한 제1형 데이터와 제2형 데이터를 확보하기에는 예산과 시간이 부족할 때, 다시 말해 시급히 무엇인가를 제안해야 할 때는 제4형 데이터가 유용하다.

참고문헌

과학기술정보통신부 (2017). 〈2016년 인터넷이용실태조사 최종보고서〉. URL: www.msit.go.kr/web/msipContents/contentsView.do?cateId= mssw67&artId=1333874

구글 검색 잘하는 법 (2015, 3, 8). URL: http://sharehouse.com/

김동균·비아이티컨설팅 (2016). 〈마케팅의 미래 고객 인게이지먼트: 관여·경험·상호작용·공유에 기초한 디지털 시대의 고객 관계 구축〉. 서울: 김앤김북스.

메조미디어 (2018). 〈2018 MEZZOMEDIA Target Audience Report: 30대〉. URL: http://www.mezzomedia.co.kr/

메타커뮤니케이션즈 (2017). 저작권 브랜드 반듯c 정기캠페인. URL: http://www.metacomm.co.kr/

법제처 (2017, 12, 31). 통계법. URL: http://www.law.go.kr/lsSc.do?menuId=0&p1=&subMenu=1&nwYn=1&section=&tabNo=&query=%ED%86%B5%EA%B3%84%EB%B2%95#undefined/

시지온 (2017). 열 살된 시지온의 뻔뻔한 데이터. URL: https://livere.com/

이동훈·김원용 (2012). 〈프레임은 어떻게 사회를 변화시키는가〉. 서울: 삼성경제연구소.

이영희 (2007). 인터뷰조사기법: 질적 연구를 위한 인터뷰 성공기술. 〈국토〉, 303호, 109-116.

최준혁 (2014). 혼합적 연구방법을 활용한 상황분석의 일례. 〈홍보학연구〉, 18권 4호, 169-186.

한국방송광고진흥공사 (2018). 〈2017 소비자행태조사 보고서〉. URL: https://adstat.kobaco.co.kr/

한국언론재단 (2002). 〈정치뉴스와 의견의 다양성〉. 서울: 한국언론재단.

Babbie, E. (2013). *The practice of social research* (13th ed.). 고성호 외 역 (2014). 〈사회조사방법론〉. 서울: Cengage Learning.

Creswell, J. W. (2009). *Research design: Qualitative, quantitative, and mixed methods approaches* (3rd ed.). 김영숙 외 역 (2011). 〈연구방법: 질적, 양적 및 혼합적 연구의 설계〉. 서울: 시그마프레스.

Denzin, J. N. (1978). *The research act: A theoretical introduction to sociological methods* (2nd ed.). New York: McGaw-Hill.

Entman, R. M. (1993). Framing: Toward clarification of a fractured paradigm. *Journal of Communication, 43*(4), 51-58.

Frey, L. R., Botan, C. H., & Kreps, G. L. (2000). *Investigating communication: An introduction to research methods* (2nd ed.). Boston, MA: Allyn and Bacon.

Jick, T. D. (1979). Mixing qualitative and quantitative methods: Triangulation in action. *Administrative Science Quarterly, 24*, 602-611.

Johnson, R. B., Onwuegbuzie, A. J., & Turner, L. A. (2007). Toward a Definition of Mixed Methods Research. *Journal of Mixed Methods Research, 1*(2), 112-133.

Jugenheimer, D. W., Kelly, L. D., Hudson, J., & Bradley, S. D. (2014). *Advertising and public relations research* (2nd ed.). London: Routledge.

Krueger, R., & Casey, M. (2000). *Focus group: A practical guide for applied research*. Thousand Oak, CA: Sage.

Malhotra, N. K. (2015). *Essentials of marketing research: A hand-on orientation*. Boston, MA: Pearson.

Riffe, D., Lacy S., & Fico, F. G. (2005). *Using quantitative content analysis in research* (2nd ed.). 배현석 외 역 (2011). 〈미디어 메시지 분석〉 (개정판). 경북: 영남대학교 출판부.

Tashakkori, A., & Creswell, J. W. (2007). Exploring the nature of research questions in mixed methods research. *Journal of Mixed Methods Research, 1,* 207-211.

Tashakkori, A., & Teddie, C. (2003). Issues and dilemmas in teaching research methods course in social and behavioral sciences: U. S. perspective. *International Journal of Social Research Methodology, 6,* 61-77.

Teddie, C., & Tashakkori, A. (2009). *Foundation of mixed methods research: Integrating quantitative and qualitative approaches in the social and behavioral sciences*. Thousands Oaks, CA: Sage.

Wimmer, R. D., & Dominick, J. D. (1994). *Mass media research: An introduction*. 유재천 외 역 (1995). 〈매스미디어 조사방법론〉. 서울: 나남.

3부

데이터 기반
PR기획

Data-driven Public Relations Planning

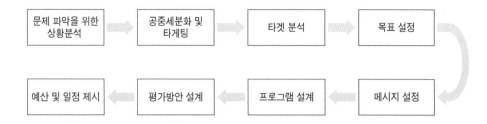

● 그림 3-1. 여덟 단계 데이터 기반 PR기획

　PR은 문제의 해결 과정(processes of problem-solving)으로 정의할 수 있다. 조직의 문제는 조직에 영향을 미칠 수 있는 공중과의 관계에서 발생한다. 따라서 문제의 해결은 공중과의 관계를 관리함으로써 가능하다. PR을 이렇게 정의한다면 PR기획이란 조직의 문제가 무엇인지를 정확하게 규명한 후, 그 문제의 해결에 영향을 미칠 수 있는 공중을 파악 및 분석하며, 문제를 해결하기 위해 달성해야 하는 목표를 설정하며, 목표를 달성하는 데 필요한 메시지를 적절한 프로그램을 활용해 공중에게 전달하는 활동을 계획하는 것이다. 〈그림 3-1〉은 상기의 과정을 요약하고 있는데, 다음에서는 〈그림 3-1〉에서 제시한 순서대로 PR기획의 각 과정을 설명한다.

〈PR Tip 3-1〉 쟁점관리와 PR

　러빈저(Lerbinger, 2005)에 의하면 쟁점관리(issues management)는 PR전문가들이 소식에 중요한 영향을 미칠 수 있는 다양한 이슈를 파악하고 평가하는 데 활용할 수 있는 유용한 수단으로서 PR커뮤니케이션에 활용할 경우, PR커뮤니케이션의 전략적 관리에 이바지할 수 있다. 쟁점관리는 문제해결을 위한 과정으로서 다음과 같은 다섯 단계를 거친다.

1. 이슈 파악: 조직에 중요할 수 있는 잠재적인 이슈들을 열거
2. 우선순위 매기기: (필요한) 행동이 요구되는 절박함의 정도, 조직에 대한 영향, 소송을 당할 가능성 등의 관점에서 중요한 이슈들을 선택
3. 이슈 분석: 이슈의 본질을 결정하고, 동반자(우군)를 식별하고, 여론의 중요성을 결정하고, 언론보도를 분석하고, 이슈를 둘러싸고 있는 법적·규제적·헌법적 맥락을 점검
4. 전략 개발: 사후적·사전적·상호적 모드 중에서 적절한 모드를 선택하고, 조직의 입장을 결정하고, 공공정책의 자발적 변화를 고려하고, (다른 조직과의) 연대가 바람직한 것인지를 점검
5. 실행: 전반적인 계획을 설계하고 실행

한편 미국PR협회는 PR을 다음과 같은 여덟 단계로 수행할 것을 제안하고 있다.

1. 리서치 및 상황평가
2. 공중
3. 목적 및 목표
4. 전략
5. 전술
6. 평가
7. 예산
8. 일정

이 책에서는 러빈저(2005)의 쟁점관리 과정과 미국PR협회의 가이드라인을 참조해 데이터 기반 PR기획을 여덟 단계로 제시한다.

1. 문제 파악을 위한 상황분석
2. 공중세분화 및 타게팅

1장 문제 파악을 위한 상황분석

　데이터 기반 PR기획의 첫 번째 단계는 문제 파악을 위한 상황분석이다. 첫 번째 단계를 잘 수행하기 위해서는 이 책의 1부와 2부를 명확히 이해해야 한다. 문제는 조직의 지속가능한 성장을 위해 해결해야만 하는 것들로 해결하지 않으면 장기적·단기적으로 손실을 가져다주는 부정적인 문제뿐만 아니라 조직을 더욱 발전시킬 수 있는 긍정적인 기회까지 포괄하며, 조직을 둘러싼 문제가 여럿 존재하는 근본적인 이유는 조직에 영향을 미칠 수 있는 공중이 언론뿐만 아니라 사원, 소비자, 지역사회, 정부, 투자자, 해외 공중까지 매우 다양하기 때문이다. 따라서 PR이 해결해야 하는 문제가 무엇인지를 파악하기 위해서는 조직에 영향을 미칠 수 있는 다양한 공중을 지속적으로 관찰하는 것이 필요하다.

　그런데 여러 다양한 공중을 빠짐없이 관찰하는 것은 현실적으로 쉽지 않다. 그래서 많은 조직은 언론보도 모니터링, 소셜미디어 모니터링 등을 활용해 조직에 영향을 미칠 수 있는 문제가 무엇인지를 조기에 발견하기 위해 노력한다. 다수의 기업과 공공기관은 이슈 모니터링 시스템 혹은 이슈 트래킹

시스템이라 부르는 모니터링 시스템을 활용해 문제의 조기 발견을 꾀하고 있다. 이런 시스템을 구축하지 않은 조직은 2부에서 설명한 언론보도 분석과 소셜미디어 분석을 직접 수행함으로써 공중과 문제를 관찰할 수 있다.

이런 과정을 거쳐 문제를 파악할 수 있으며 문제가 여러 개 있을 경우에는 문제의 합리적 선정 과정을 거쳐 가장 중요한 문제를 선정하는 방법도 1부에서 설명했다. 가장 중요한 문제가 무엇인지가 결정되면 심층면접, 포커스그룹인터뷰, 서베이 등을 활용해 그 문제에 관한 공중의 인식, 태도, 행동 등을 관찰해야 하는데, 이런 관찰방법에 관해서는 2부에서 설명했다. 이제 언론보도 분석, 소셜미디어 분석, 심층면접, 포커스그룹인터뷰, 서베이 등의 모든 결과를 합리적으로 제시해야 한다. 여러 사회과학연구방법을 실행한 결과의 통합적·핵심적 제시가 상황분석에서 이루어져야 한다. 다양한 연구방법을 활용해 파악한 결과를 제시하는 방법으로는 SWOT분석, 공중기반형 통합적 SWOT분석 등이 있다.

먼저 SWOT분석(SWOT Analysis)을 살펴보자. 〈표 3-1〉은 전형적인 SWOT분석의 예이다. SWOT(또는 TOWS)은 강점(strengths), 약점(weaknesses), 기회(opportunities), 위협(threats)의 머리글자이다. 강점은 PR목표 달성을 위해 효율적으로 이용할 수 있는 자원이나 역량을 의미하며 약점은 PR목표 달성을 저해하는 조직의 한계나 단점 또는 결함을 의미한다. 기회란 제품, 서비스, 브랜드, 정책 등에 대한 수요를 진작시키고 조직이나 PR담당 부서의 포지션을 강화하는 데 기여할 수 있는 우호적인 현재나 미래의 상황으로서 동향, 변화, 미처 포착되지 못한 니즈 등을 의미한다. 위협이란 PR목표 달성을 저해하는 현재나 미래의 비우호적 상황이나 동향 또는 임박한 변화를 의미한다 (Fleisher & Bensoussan, 2002). 강점과 약점에서는 과거 혹은 현재의 상황을 주로 제시하며 기회와 위협에서는 현재 혹은 미래의 상황을 주로 제시한다. 또 강점과 기회에서는 긍정적인 상황을, 약점과 위협에서는 부정적 상황을 기

● 표 3-1. SWOT분석의 초기 모델

S(강점)		W(약점)	
여성친화적 기업문화 확산에 대한 간부 및 조직의 관심		- 불충분한 홍보예산 - 여성친화 기업문화 조성을 위한 실질적 정책수단의 부재 - 홍보 아이템의 부족 - 홍보 부족으로 인한 국민의 이해 미흡	
O(기회)		**T(위협)**	

- 여성의 강한 경제활동 욕구
- 여성친화적 기업문화의 긍정적 효과에 대한 실증 자료
  축적
- 국제적 수준으로의 여성지위 향상 필요성 확산
		- 여성부에 대한 부정적 여론
		- 사회전반의 남성 중심 사고와 행태
		- 시장경제 활성화를 위한 규제완화 정책
		- 다른 부처의 유사 정책(보건복지부의 가족친화 정책,
		  노동부의 적극적 고용개선 조치)	

자료: 여성부(2008)를 재구성.

술한다.

그런데 〈표 3-1〉에서 제시하고 있는 SWOT분석을 PR에서 원형 그대로 활용하기에는 부족한 점이 있다. PR을 조직의 성공이나 실패에 미치는 여러 공중과의 관계를 관리하는 기능으로 이해한다면 기존의 SWOT분석에서는 어떤 공중과의 관계에서 긍정적인 기회 및 강점과 부정적인 위기 및 약점이 형성되어 있는지를 알 수 없다. 또 SWOT분석의 궁극적인 목적은 통합적인 상황분석을 통해 문제해결에 필요한 전략을 도출하는 데 있는데, 〈표 3-1〉의 초기 SWOT분석에서는 전략을 도출하기가 쉽지 않다. 강점과 기회를 하나도 빠뜨리지 않고 모두 반영할 수 있는 전략을 고안해 내는 것도 어렵지만 혹시라도 그런 전략을 만든나 하더라도 모든 요소를 반영하기 위해서는 대단히 추상적인 수준의 전략을 만들 수밖에 없고, 전략의 지나친 추상성은 현실성의 결여로 연결된다. 이와 같은 초기 SWOT분석 모델이 지닌 한계를 극복하기 위해 〈표 3-2〉와 같은 SWOT분석의 개선 모델이 개발됐다.

SWOT분석	S(강점)	W(약점)
	- 성문화 위한 의지 및 도덕적 우월성 - 경제, 사회, 문화 등 연관된 이슈에 따른 관련 부처와 연계 가능성	정책 이외의 근본적인 성문화에 대한 문화적인 접근 전략 부재
O(기회)	**SO Strategy**	**WO Strategy**
- 성 문제에 대한 사회적 분위기 - 성 관련 정책 제도적 기반 조성	전략: 개별 공중에게 건전한 성문화 조성을 위한 청사진 제공	전략: 일관성 있는 정책과 철저한 단속 체계를 유지하면서 성문화 인식전환 캠페인
T(위협)	**ST Strategy**	**WT Strategy**
- 법률의 실효성에 대한 의구심 - 신종 성매매 출현 등 음성화 - 사회적 성 관련 고정관념	전략: 사회적 성문화 문제 쟁점화를 통한 문제 제기	전략: 정책이 아닌 삶의 일부로서 성문화 개선에 대한 공감대 조성

자료: 여성부 (2009).

〈표 3-2〉의 SWOT분석 개선 모델은 초기 모델에 비해서 전략 도출의 용이성은 제고했지만 이 모델의 문제점은 강점, 약점, 기회, 위협 등을 공중별로 나누지 않고, 뭉뚱그려 표기함으로써 조직이 특정 문제와 어느 공중과의 관계에서 유리한 면이 있고 혹은 불리한 면이 있는지를 알 수 없다는 데 있다. 그래서 기존 SWOT분석의 한계들을 모두 극복하는 새로운 모델, '공중기반형 통합적 SWOT분석'을 제시한다.

〈표 3-3〉을 살펴보자. AS1이란 조직과(혹은 해결해야 하는 문제에 관한) 공중 A와의 관계에서 조직이 갖는 강점 중 첫 번째 강점을 의미하며, 마찬가지로 BW3이란 조직과 공중 B와의 관계에서 조직이 갖는 세 번째 약점을 의미한다. 이렇게 표시를 함으로써 조직(혹은 문제가 어떤 상황에 놓여 있는지)을 완전하게 이해할 수 있다.

공중기반형 통합적 SWOT분석의 또 다른 장점은 추상적 전략을 방지하고

● 표 3-3. 공중기반형 통합적 SWOT분석의 포맷

	강점(S)	약점(W)	기회(O)	위협(T)
공중 A	• _____ (AS1) • _____ (AS2)		• _____ (AO1)	
공중 B		• _____ (BW1) • _____ (BW2) • _____ (BW3)		• _____ (BT1) • _____ (BT2) • _____ (BT3)
공중 C	• _____ (CS1) • _____ (CS2) • _____ (CS3)	• _____ (CW1) • _____ (CW2) • _____ (CW3)		• _____ (CT1) • _____ (CT2)
공중 D	• _____ (DS1)	• _____ (DW1) • _____ (DW2) • _____ (DW3)	• _____ (DO1) • _____ (DO2)	

전략	제1전략 ○ ○ ○ ○ ○ ○ ○ ○ ○	제2전략 ○ ○ ○ ○ ○ ○ ○ ○ ○	제3전략 ○ ○ ○ ○ ○ ○ ○ ○ ○
데이터	AS1 + BW2 + CS3	AS2 + AO1+ DO2 + CT2	BT1 + BW3 + DS1 + CT1

자료: 최준혁 (2008).

구체적이며 현실적인 전략을 도출하는 데 있다. 〈표 3-1〉의 SWOT분석의 한계로 도출되는 전략의 추상성을 지적했는데, 공중기반형 통합적 SWOT분석은 강점, 약점, 기회, 위협을 뭉뚱그려 표기하지 않기 때문에 훨씬 더 구체적이다.

제1전략 = AS1 + BW2 + CS3

제2전략 = AS2 + AO1 + DO2 + CT2

제3전략 = BT1 + BW3 + DS1 + CT1

	강점(S)	약점(W)	기회(O)	위협(T)
타 부처 (D)		- 보건복지부 및 노동부에서 유사 업무 담당(DW1) - 다른 부처와의 위상 비교로 조직 내부구성원 사기 저하 (DW2)		정권 교체 시 부처 폐지 논의 재발 가능 (DT1)
경영인 (B)	여성경영인 수 질적 및 양적 증가(BS1)	- 여성의 조직충성도에 대한 부정적 인식(BW1) - 여성의 노동생산성에 대한 부정적 인식(BW2)		
여성 경제활동 인구(F)	- 본 정책의 취지에 대한 긍정적 인식(FS1) - 온라인 홍보활동에 집중할 경우, 효율적 홍보 가능(FS2)	- 여성부 기존 정책에 대한 부정적 평가(FW1) - 여성경제활동인구간 질시 및 반목 존재(FW2)	여성부에 대한 인식 개선 시, 향후 여성부 정책의 지지집단으로 활용 가능(FO1)	경제 불황으로 인한 절대적 취업 기회 감소(FT1)
남성 경제활동 인구(M)	온라인 홍보활동에 집중할 경우, 효율적 홍보 가능(MS1)	- 여성부 존재 자체에 대한 부정적 인식(MW1) - 여성 취업에 대한 제로섬(zero- sum)적 인식(MW2)		경제 불황으로 인한 절대적 취업 기회 감소(MT1)
언론(I)	여성경영인에 대한 우호적 보도(IS1)	- 여성경제활동에 대한 단발적 보도에 치중(IW1) - 다른 부처 대비 여성부 관련 기사 절대적 부족(IW2)	여성언론인 수 질적 및 양적 증가(IO1)	

전략	제1전략: 여성부 아이덴티티 확립 전략	제2전략: 온라인 기반 양성 상생 전략	제3전략: 여성취업 및 고용에 대한 인식전환 전략
데이터	DW1 + DW2 + DT1 + FS1 + FW1 + FO1 + IW1 + IW2	FS2 + FW2 + MS1 + MW2	BS1 + BW1 + BW2 + FT1 + MT1 + IS1 + IO1

또한 공중 B와의 관계에서 발생하는 약점을 공중 A와의 관계에서 발생하는 강점으로 보완할 수 있다는 점까지 표현하기 때문에 공중의 통합적 관리를 가능하게 하는 전략 도출이 가능하다. 〈표 3-4〉는 〈표 3-1〉에서 SWOT분석의 초기 모델에서 제시한 내용을 공중기반형 통합적 SWOT분석으로 다시 제시한 것이다.

PR을 조직의 문제해결 과정으로 정의 내리고 PR에서 말하는 문제란 조직에 영향을 미치는 다양한 공중과 조직과의 관계에서 발생한다는 것에 동의한다면, PR기획의 상황분석의 결론으로는 기존의 SWOT분석보다는 이 책에서 새롭게 제시하고 있는 공중기반형 통합적 SWOT분석을 채택하는 것이 바람직하다. 공중기반형 통합적 SWOT분석을 처음 접하는 독자들에게는 새로운 툴이 낯설 수 있을 듯해 〈표 3-5〉에서 공중기반형 통합적 SWOT분석의 또 다른 예를 제시한다. 이 예는 고용노동부의 고용지원센터1 홍보제안서에 활용했던 것이다.

● 표 3-5. 공중기반형 통합적 SWOT분석의 예 2

	강점(S)	약점(W)	기회(O)	위협(T)
타 부처 (D)			부처명 변경으로 리딩 부서로 격상 가능 (DO1)	고용지원센터 활동 미비 시, 신규 부처명 정착에 장애(DT1)
센터 근무자 (C)		- 취업 및 고용서비스 제공기관보다는 처벌 및 규제기관의 이미지가 높음(CW1) - 서비스 질에 대한 막연한 부정적 인식 팽배(CW2)	경제활동인구와 접점을 형성하고 있으므로 센터근무자에 대한 호감이 고용지원센터의 이미지 개선에 직접적으로 기여(CO1)	센터근무자의 자긍심 부족 시, 이용자 및 이용기업의 부정직 인식 초래(CT1)

1 2019년 현재는 '고용복지+센터'로 불린다.

경제활동 인구(F)	- 고용서비스 기 이용 자의 고용지원센터 에 대한 우호적 평가 (PS1) - 고용서비스 확대정 책 성공 시, 노동부 의 다른 주요 정책 에도 긍정적 영향 (PS2)	- 취업 및 훈련 정보를 주로 포털사이트에 의존(PW1) - 워크넷에 대한 낮은 인지도(PW2) - 고용지원센터 및 이 용자에 대한 부정적 평가(PW3) - 신규 부처명에 대한 낮은 인지도(PW4)	- 온라인 홍보활동에 집중할 경우, 효율적 홍보 가능(PO1) - 고용지원센터에 대 한 이미지 개선 시, 신규 부처명 확립에 도움(PO2)
언론(M)	오프라인 신문의 기사 취급 활발(MS1)	- 방송과 온라인 신문 의 기사 취급 저조 (MW1) - 구직자 관점의 기사 가 일방적으로 많아 구인 업체의 니즈를 반영하는 기사 부족 (MW2)	- UCC를 비롯한 인 터넷 기반 매체의 활 성화(MO1) - 일자리 창출에 대한 기본적 지지(MO2)
기업 인사담당자 및 공인 노무사(I)	고용지원센터 및 워 크넷 이용기업의 법 적 책임 준수에 대한 믿음(HS1)	고용지원센터 및 워크 넷을 이용하는 기업이 나 구직자에 대한 막 연한 부정적 인식(마 이너리거론)(HW1)	

전략	제1전략: 기존 이용자를 대상 으로 하는 CRM전략	제2전략: 신규 이용자 발굴 전략	제3전략: 내부고객 사기진작 전략
데이터	PS1 + PS2 + PW3 + PO1 + CO1	PW1 + MO1 + MO2 + HS1 + HW1	CW1 + CW2 + DO1 + CO1 + PO2 + DT1 + CT1

2장 공중세분화 및 타게팅

1. 공중세분화

이제 PR기획의 두 번째 단계, 공중세분화와 타게팅이 필요하다. 예를 들어 시장에 갓 뛰어든 오토바이 헬멧제조업체가 젊은 층의 오토바이 운전자를 겨냥하는 새로운 헬멧을 출시하는 경우를 가정해 보자. 이 경우의 문제는 기업 혹은 브랜드의 낮은 인지도이다. 또 이 문제를 해결하기 위해 반드시 관리해야 할 공중은 젊은 오토바이 운전자이다.

그러나 젊은 층의 오토바이 운전자라는 공중은 너무나 광범위하고 모호하다. 젊은 층의 오토바이 운전자 중에는 이 신생업체의 헬멧을 구매할 능력이 없는 운전자도 있으며 헬멧제조업체의 유통망이 닿지 않는 곳에 거주하는 운전자도 있을 수 있다. 따라서 광범위한 전체 공중을 특정한 기준에 의해 선별하는 작업, 즉 공중세분화(public segmentation)와 타게팅(targeting)이 필요하다.

PR의 공중세분화는 마케팅에서 실행하는 시장세분화(market segmentation)와 크게 다르지 않으므로 마케팅의 주요 개념인 시장세분화에 관해 자세하게 살펴보자. 우선 시장(market)의 개념을 명확히 이해해야 한다. 옛날에는 시장이라는 개념이 남대문시장이나 동대문시장처럼 물건을 파는 사람과 사는 사람이 만나 교환이 일어나는 곳으로서 물리적인 장소를 의미했지만, 최근에는 제품이나 서비스의 실제 또는 잠재적 구매자들의 집합을 의미하는 뜻으로 쓰이고 있다(안광호·하영원·유시진·박흥수, 2018). PR의 공중이 조직의 성공이나 실패에 영향을 미치는 개인이나 집단을 의미하는 것처럼 오늘날의 마케팅의 시장 개념도 결국은 사람들의 집단을 의미한다. 공중과 시장, 모두 사람들의 집단을 가리키므로 사람을 특정 기준에 의해 세분화하는 마케팅의 여러 기법이 PR의 공중세분화에도 활용될 수 있다.

마케팅의 역사는 제조 시기(production era), 판매 시기(sales era), 마케팅 시기(marketing era)의 순으로 진화해 왔다(Schoell & Guiltinan, 1988). 만들면 다 팔리는 시대에서 대량판매를 꾀하면서 소비자의 실체를 인식하는 시대를 거쳐 잠재적 소비자에도 관심을 가지면서 이제는 소비자의 니즈를 파악해 니즈를 충족시킬 수 있는 제품이나 서비스를 경쟁자들보다 더 효과적이고 효율적으로 제공하는 마케팅컨셉을 필요로 하는 시대로 변해왔다.

마케팅컨셉의 등장은 효율적 시장 접근을 요구하게 되었으며 효율적 시장 접근은 시장세분화로부터 시작된다. 시장세분화란 시장을 몇 개의 부분으로 나누고 몇몇 부분 혹은 전체에 알맞은 대안적 전략을 고안하는 작업이다. 소비자의 기호 및 욕구에 대한 차이가 세분화가 필요한 첫 번째 이유이다(Urban & Star, 1999). 즉, 시장세분화는 광범위한 전체 시장을 구성하는 각 세분시장의 소비자 요구에 대응해 제품이나 마케팅활동을 조절하고자 하는 것으로서, 소비자를 그 이질성에 따라 몇 개의 특정 집단으로 분할하고, 각 세분시장의 소비자 수요에 대응하는 제품 계획을 세워 마케팅전략을 전개하는 것이다 (Kotler & Armstrong, 2014). 소비자의 다양성과 소비자 니즈의 다양성이 날로 확대되고 있는 오늘날, 시장세분화는 거의 모든 마케팅 및 MPR현장에서 마케팅전략 입안의 기초 단계로 활용되고 있으며, 아울러 시장세분화의 기준도 날로 정교화·다양화되고 있다.

시장세분화의 기준(변인)은 전체 시장에서 소비자집단을 여러 개로 나눌 수 있는 기준이 되는 몇몇 특징을 말한다(쉘과 귈티넌, 1988). 변인은 그 본질에 따라 크게 두 유형으로 나눌 수 있다. 소비자의 특성에 관한 유형(어떤 사람이 어떤 제품을 사용하는가)과 소비자의 반응에 관한 유형(얼마나 많이 사용하나, 브랜드충성도는 어느 정도인가 등)이 그것이다(Kotler & Keller, 2016). 또한 변인은 시장의 종류에 따라 소비자 시장에 적합한 변인(variables for consumer markets)과 비즈니스 혹은 조직 시장에 적합한 변인(variables for business or organization markets)으로 나눌 수도 있다(Loudon & Bitta, 1993). 이런 논의들에 기반해 마케팅에서 보편적으로 활용되고 있는 시장세분화 변인은 크게 지리적 변인(geographic variables), 인구통계학적 변인(demographic variables), 심리묘사적 변인(psychographic variables), 행동적 변인(behavioral variables) 등으로 나눌 수 있다(안광호·하영원·유시진·박흥수, 2018; 코틀러와 켈러, 2016).

지리적 세분화(geographic segmentation)는 시장(잠재적 구매자의 집합)을 나라, 지역, 주, 도시 혹은 동네 등과 같은 서로 다른 지리적 단위로 나누는 것이다. 기업은 하나 또는 여러 개의 지리적 구역에서 사업을 할 것인지 또는 모든 지역에서 사업하지만 욕구와 필요에 따른 지리적 차이에 관심을 가질 것인지를 결정해야 한다. 인구통계학적 세분화(demographic segmentation)는 시장을 연령, 성별, 가족 크기, 가족생애주기, 소득, 직업, 교육수준, 종교, 인종, 세대, 국적 등과 같은 변인들을 근거로 나누는 것이다. 인구통계학적 변인은 4가지 유형의 시장세분화 변인 중 가장 많이 사용되는데 소비자의 욕구, 필요, 사용량 등이 인구통계학적 변인과 밀접한 관련이 있기 때문이다. 그리고 다른 이유는 인구통계학적 변인이 다른 세분화 변인들보다 세분시장을 측정하기 쉽기 때문이나(코틀러와 암스트롱, 2014).

심리묘사적 세분화(psychographic segmentation)는 구매자를 사회계층, 개성과 관련된 특징들을 근거로 서로 다른 세분시장으로 나누는 것이다. 동일한 인구통계학적 집단에 속하는 사람들이라고 하더라도 심리묘사적 특징에서 서로 상당히 다를 수 있다. 행동적 세분화(behavioral segmentation)는 구매자들을 그들의 지식, 태도, 사용상황 혹은 제품에 대한 반응 등에 근거해 여러 집단으로 나누는 것을 의미한다(코틀러와 암스트롱, 2014). 행동적 세분화 변인의 하나인 사용률(usage rate)은 시장을 제품을 소비하는 양에 따라 소량

● 표 3-6. 세분화 변인의 유형과 예들

세분화 변인	예
지리적 변인	국가, 지역, 주, 군, 시, 이웃, 인구밀도(도시, 교외, 시골), 기후
인구통계학적 변인	연령, 생애주기 단계, 성별, 소득, 직업, 교육, 종교, 인종, 세대
심리묘사적 변인	사회계층, 생활양식, 성격
행동적 변인	상황, 혜택, 사용자 상태, 사용률, 충성도 수준

자료: Kotler & Armstrong (2014).

소비자, 중간 소비자, 대량 소비자로 나누게 하는 변인이다. 대량 소비자들이 전체 소비자에서 차지하는 비율은 낮지만 전체 소비에서 높은 비율을 차지한다. 반대로 혼술, 혼밥 등의 신조어가 보여주듯이 1인가구의 등장에 따라 소량 소비자가 무시할 수 없는 세분시장으로 등장하고 있기도 하다. 이런 여러 추세를 반영해 최근에는 사용률이 중요한 세분화 변인으로 채택되는 경우가 소비재산업에서는 흔하다. 〈표 3-6〉은 네 유형의 세분화 변인과 각각의 예를 제시한다.

PR, 광고, 마케팅에서 세분화를 할 경우 실제로는 하나의 변인으로만 공중이나 시장을 세분화하는 경우는 별로 없다. 최소 2~3개의 변인을 활용해 전체 시장을 세분화한다. 인구통계학적 변인의 예에서 둘, 또 행동적 변인의 예에서 하나 등을 투입해 시장을 쪼갠다. 여러 개의 변인을 투입해 시장을 세분화하는 것은 결국, 시장에 참여하고 있는 사람들, 혹은 문제와 관계를 맺고 있는 공중들이 사회·경제·문화·정치·필요·욕구의 면에서 다양성을 갖고 있으며 이런 다양성은 앞으로도 확대될 것임을 의미한다. 〈그림 3-2〉는 닐슨 (Nielsen, 2015)이 개발한 PRIZM® Premier로 인구통계학적 변인, 행동적 변인, 지리적 변인, 라이프스타일 등을 조합해 미국의 모든 가구를 68개의 세분시장

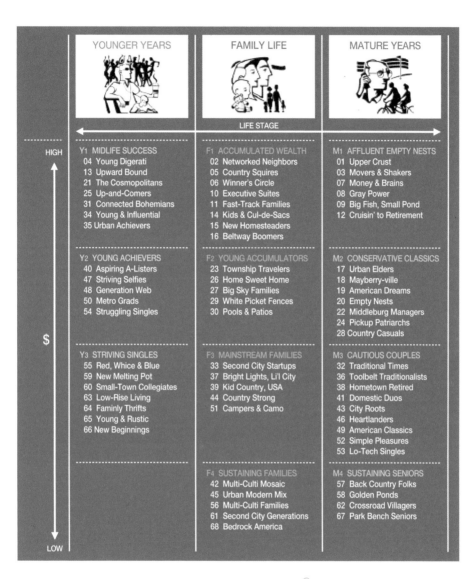

YOUNGER YEARS	FAMILY LIFE	MATURE YEARS

LIFE STAGE

HIGH

Y1 MIDLIFE SUCCESS
04 Young Digerati
13 Upward Bound
21 The Cosmopolitans
25 Up-and-Comers
31 Connected Bohemians
34 Young & Influential
35 Urban Achievers

F1 ACCUMULATED WEALTH
02 Networked Neighbors
05 Country Squires
06 Winner's Circle
10 Executive Suites
11 Fast-Track Families
14 Kids & Cul-de-Sacs
15 New Homesteaders
16 Beltway Boomers

M1 AFFLUENT EMPTY NESTS
01 Upper Crust
03 Movers & Shakers
07 Money & Brains
08 Gray Power
09 Big Fish, Small Pond
12 Cruisin' to Retirement

Y2 YOUNG ACHIEVERS
40 Aspiring A-Listers
47 Striving Selfies
48 Generation Web
50 Metro Grads
54 Struggling Singles

F2 YOUNG ACCUMULATORS
23 Township Travelers
26 Home Sweet Home
27 Big Sky Families
29 White Picket Fences
30 Pools & Patios

M2 CONSERVATIVE CLASSICS
17 Urban Elders
18 Mayberry-ville
19 American Dreams
20 Empty Nests
22 Middleburg Managers
24 Pickup Patriarchs
28 Country Casuals

$

Y3 STRIVING SINGLES
55 Red, Whice & Blue
59 New Melting Pot
60 Small-Town Collegiates
63 Low-Rise Living
64 Faminly Thrifts
65 Young & Rustic
66 New Beginnings

F3 MAINSTREAM FAMILIES
33 Second City Startups
37 Bright Lights, Li'l City
39 Kid Country, USA
44 Country Strong
51 Campers & Camo

M3 CAUTIOUS COUPLES
32 Traditional Times
36 Toolbelt Traditionalists
38 Hometown Retired
41 Domestic Duos
43 City Roots
46 Heartlanders
49 American Classics
52 Simple Pleasures
53 Lo-Tech Singles

F4 SUSTAINING FAMILIES
42 Multi-Culti Mosaic
45 Urban Modern Mix
56 Multi-Culti Families
61 Second City Generations
68 Bedrock America

M4 SUSTAINING SENIORS
57 Back Country Folks
58 Golden Ponds
62 Crossroad Villagers
67 Park Bench Seniors

LOW

● 그림 3-2. 닐슨(Nielsen)의 PRIZM® Premier

자료: Nielson (2015).

		성별					
		남성			여성		
개인 소득	~ 2,000만 원						~ 2,000만 원
	2,000만 ~ 2,999만 원						2,000만 ~ 2,999만 원
	3,000만 ~ 3,999만 원						3,000만 ~ 3,999만 원
	4,000만 ~ 4,999만 원						4,000만 ~ 4,999만 원
	5,000만 ~ 5,999만 원						5,000만 ~ 5,999만 원
	6,000만 원 ~						6,000만 원 ~
		C	B	A	A	B	C
				거주지			

A: 수도권 거주자
B: 비수도권 광역자치단체 거주자
C: 비수도권 기초자치단체 거주자

으로 나누는 과정을 보여준다. 마케터가 최적의 세분시장이 무엇인지를 파악하고 또 그 세분시장에 어떻게 접근할 수 있는지에 관한 가이드라인을 제공한다(닐슨, 2015).

공중세분화 시, 관습적 세분화는 반드시 경계해야 한다(최준혁, 2010). 으레 세분화를 해왔으니까 다른 기업에서도 세분화를 하니까, 세분화를 하지 않으면 덜 과학적인 기획처럼 보일 수 있으니까 등의 이유로 세분화를 해서는 안 된다. 공중세분화를 하는 것은 특정 PR활동에 대해 공중들의 반응이 상이할 것이라는 전제를 깔고 있다. 이것을 다른 말로 표현하자면 '세분화된 공중 내에서의 반응은 동질적이며, 각 세분시장 공중 간에는 이질적인 반응(homogeneous within public, but heterogeneous between publics)'을 기대하고 공중을 나누는 것이다(차동필, 2002).

〈표 3-7〉은 오토바이 헬멧제조업체가 국내에서 MPR을 하는 경우를 가정하고 시장을 세분화한 예이다. 인구통계학적 변인 중에서는 성별과 소득을 투입했고 지리적 변인 중에서는 거주지를 투입하는 등 모두 3개의 변인을 투입해 오토바이 헬멧의 실제적·잠재적 구매자들의 집합을 세분화했다. 3개의 변인을 투입해 시장을 세분화한 결과 모두 36개의 세분시장(segments)이 생겼음을 알 수 있다. 36개의 세분시장을 제시하는 이런 세분화가 정당한지 혹은 효과적인지에 대한 판단을 PR기획자나 마케터는 할 수 있어야 한다. 코틀러와 암스트롱(2014)은 효과적인 시장세분화를 위한 조건을 측정가능성, 접근가능성, 규모의 적정성, 차별화가능성, 활동가능성 등으로 제시하고 있다. PR기획자나 마케터는 〈표 3-8〉을 참조해 자신이 설계한 시장세분화가 정당한지를 검토해야 한다.

마케팅에서 자주 활용되는 시장세분화에 대해 살펴봤지만 PR연구에서도

● 표 3-8. 효과적인 시장세분화를 위한 조건

시장세분화 조건	설명
측정가능성	세분시장 크기, 구매력, 프로파일은 측정될 수 있다.
접근가능성	세분시장은 효과적으로 도달되고 만족시킬 수 있다.
규모의 적정성	세분시장은 공략할 만한 충분한 규모와 수익가능성이 있어야 한다. 세분시장은 맞춤형 마케팅 프로그램을 추구할 가치가 있을 정도로 가능하면 규모가 크면서도 동질적인 집단으로 구성되어야 한다.
차별화가능성	세분시장은 개념적으로 구별될 수 있고 다른 마케팅믹스 요소와 마케팅 프로그램에 대해 다르게 반응한다.
활동가능성	효과적인 프로그램들은 세분시장을 끌어들이고 이들에게 서비스하기 위해서 기획된다.

자료: Kotler & Armstrong (2014).

나름의 공중세분화의 기준을 제시하고 있다. 먼저 그루닉과 헌트(Grunig & Hunt, 1984)는 문제인식(개인이 어떤 상황에서 무엇인가 빠져 있거나 결정이 안 된 상태로 남아 있다고 지각해 하던 일을 멈추고 그 상황에 관해 생각하게 되는 정도)과 제약인식(개인이 자신의 행동을 계획하고 실행할 자유가 제한된 상황에서 제약을 지각하는 정도)을 기준으로 공중의 행동유형을 4가지로 분류한 다음, 관여도(개인이 상황과 자신이 얼마나 관계가 있나 지각하는 정도)의 높고 낮음에 따라 최종적으로 8가지 유형의 공중으로 세분화한다. 그루닉과 헌트(1984)의 공중 유형 분류는 어떤 집단이 공중이 되기 위해서는 유사한 문제에 직면할 경우 그 문제를 인식함은 물론이고, 그 문제를 해결하기 위해 조직화되어야 한다는 전제를 깔고 있다.

할라한(Hallahan, 2000)은 그루닉과 헌트(1984)의 이 같은 전제에 동의하지 않는다. 그루닉과 헌트(1984)가 규정하는 공중은 너무나 협소하고 공중이 되기 위해서는 너무 많은 조건이 필요하다고 비판하는데, 그루닉과 헌트(1984)의 공중 개념을 받아들이게 되면, 매우 정교하게 조직화된, 또한 문제해결을 위해 적극적으로 대응하는 대단히 구체적인 사회집단만이 공중이 된다는 것을 지적하는 셈이다.

할라한(2000)은 우선, 공중을 조직이 어떤 관계를 수립하고 유지하기를 원하는 집단 혹은 조직과 관계를 맺고 있으며 적극성과 소극성에 있어 다양하고 조직과의 관계에 관해 타인들과 상호작용을 할지도 혹은 하지 않을지도 모르는 사람들의 집단으로 정의한다. 그리고 지식(개인의 능력과 관련된 요인으로 어떤 주제에 관해 사람들의 기억 속에 있는 신념, 태도, 전문성)과 관여도(개인이 어떤 대상, 사람, 상황 혹은 조직에 대해 개인적으로 관련이 있거나 중요하다고 지각하는 정도)라는 2가지 기준에 의해 공중을 활동공중(active publics), 인지공중(aware publics), 환기공중(aroused publics), 비활동공중(inactive publics) 등으로 분류한다. 할라한(2000)의 공중 분류는 기본적으로

관여도

| 환기공중 | 활동공중 |
| 비활동공중 | 인지공중 |

지식

● 그림 3-3. 지식과 관여도 수준에 따른 공중세분화 모델

자료: Hallahan (2000).

공중의 다양성을 폭넓게 인정한다는 특성을 지닌다. 〈그림 3-3〉은 할라한 (2000)의 공중세분화를 시각화한 것이다.[2]

〈표 3-7〉과 〈그림 3-3〉은 마케팅영역에서의 전통적인 시장세분화와 PR영역에서의 전통적인 공중세분화를 각각 제시하고 있다. 이 두 접근법 중 무엇

---

2 할라한(2000)은 네 유형의 공중 외에도 어떤 주제나 이슈에 대해 지식도 없고 관여도 되어 있지 않은 사람들을 '비공중(non-publics)'이라 명명하지만, 이 공중에 대해서는 별다른 전략과 전술을 제안하고 있지 않으며 관여도-지식 매트릭스와는 분리되어 있는 공중이므로 본문에서는 제외했다.

이 더 뛰어나다고 판단하는 것은 적절하지 않다. 기업, 공공기관, 시민단체 등 PR실무자가 속한 조직이 어디냐에 따라 채택해야 하는 접근법이 다를 수 있다. 또 특정한 이슈를 해결하기 위한 PR인지 혹은 특정 정책, 제품, 브랜드, 서비스 등의 성공적 시장 안착을 위한 PR인지에 따라서도 적절한 세분화 모델이 다를 수 있다. 따라서 PR실무자는 자신이 기획하고, 실행하는 PR의 목적 혹은 PR의 대상에 따라 적절한 세분화 모델을 채택하는 것이 바람직하다.

2. 타게팅

실제적·잠재적 구매자들의 집합으로서의 시장을 세분화하든, 조직의 성공이나 실패에 영향을 미치는 개인이나 집단으로서의 공중을 세분화하든, 세분화한 후에는 각 세분시장 혹은 세분공중 중에서 어떤 집단을 가장 우선적으로 관리해야 하는가, 즉 타게팅을 해야 한다. 여러 세분집단 중에서 특정 집단을 타겟으로 선정할 때 일정한 원칙이나 기준이 필요하다. 〈표 3-7〉을 다시 보면 36개의 세분시장이 있는데 이들 중에서 이 업체의 오토바이 헬멧에 가장 우호적인 태도를 갖고 있거나 구매할 확률이 가장 높은 집단을 선정해야 하며, 〈그림 3-3〉과 같이 세분화했다면 조직의 문제를 해결하는 데 어떤 집단과의 관계를 관리하는 것이 가장 효과적인지를 결정해야 한다. 여러 세분집단 중에서 특정 집단을 타겟(공중)으로 선정할 때도 일정한 원칙이나 기준이 필요하다.

코틀러와 암스트롱(2014)은 세분시장의 평가기준으로 세분시장의 크기와 성장성, 구조적 매력도, 기업의 목표와 자원 등 3가지 요인을 제시하고 있는데 이 요인을 충족하는 세분시장을 타겟으로 선정하는 것이 바람직하다. 세분시장의 크기와 성장성은 각 세분시장에 대한 현재 판매량, 예상 성장률, 예상 수익률 등에 대한 자료를 수집·분석함으로써 평가할 수 있다. 구조적 매력

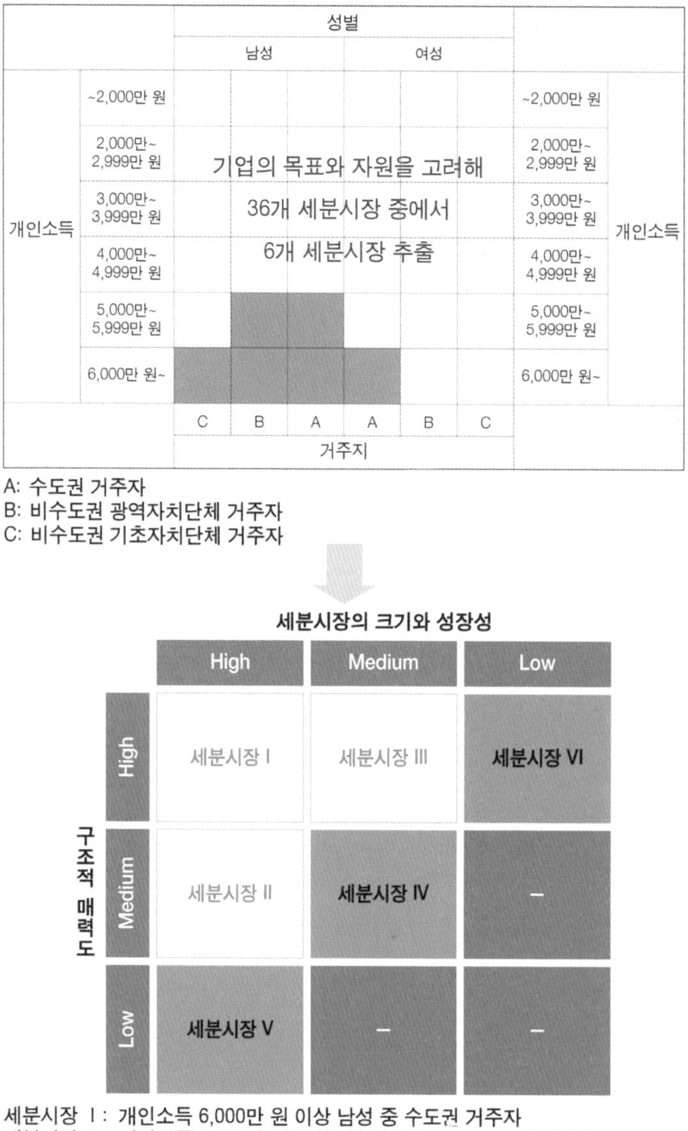

		성별			개인소득
		남성	여성		
개인소득	~2,000만 원			~2,000만 원	
	2,000만~2,999만 원	기업의 목표와 자원을 고려해		2,000만~2,999만 원	
	3,000만~3,999만 원	36개 세분시장 중에서		3,000만~3,999만 원	
	4,000만~4,999만 원	6개 세분시장 추출		4,000만~4,999만 원	
	5,000만~5,999만 원			5,000만~5,999만 원	
	6,000만 원~			6,000만 원~	
		C B A	A B C		
		거주지			

A: 수도권 거주자
B: 비수도권 광역자치단체 거주자
C: 비수도권 기초자치단체 거주자

세분시장의 크기와 성장성

구조적 매력도	High	Medium	Low
High	세분시장 I	세분시장 III	세분시장 VI
Medium	세분시장 II	세분시장 IV	−
Low	세분시장 V	−	−

세분시장 I : 개인소득 6,000만 원 이상 남성 중 수도권 거주자
세분시장 II : 개인소득 6,000만 원 이상 남성 중 비수도권 광역자치단체 거주자
세분시장 III : 개인소득 6,000만 원 이상 남성 중 비수도권 기초자치단체 거주자
세분시장 IV : 개인소득 5,000만~5,999만 원 남성 중 수도권 거주자
세분시장 V : 개인소득 5,000만~5,999만 원 남성 중 비수도권 광역자치단체 거주자
세분시장 VI : 개인소득 6,000만 원 이상 여성 중 수도권 거주자

● 그림 3-4. 세분시장 평가기준의 통합적 활용에 기반한 타겟 선정 과정

도는 산업의 구조를 파악함으로써 평가할 수 있는데 만일 시장에 다수의 강력하고 공격적인 경쟁자들이 존재하며, 대체품이 있고, 구매자와 공급업자의 힘이 강력하다면 구조적 매력도는 낮다고 평가할 수 있다. 마지막으로 기업의 목표와 자원을 고려해 타게팅을 해야 하는데 타게팅하려는 세분시장이 기업의 장기적인 목표와 부합해야 하며, 그 세분시장에서 성공하기 위한 기술과 자원을 기업이 보유하고 있어야 한다.

코틀러와 암스트롱(2014)이 제시한 세분시장 평가기준 중 기업의 목표와 자원은 기업 스스로가 가장 잘 알고 있는 요인이므로 이 요인을 활용한 각 세분시장 평가가 가장 용이하다. 그래서 이 요인에 따른 세분시장 평가가 먼저 선행되었다고 가정했을 때, 나머지 2개의 요인, 즉 세분시장의 크기와 성장성, 구조적 매력도에 따라 각 세분시장을 평가할 수 있는데 〈그림 3-4〉는 세분시장 평가기준을 통합적으로 활용해 타겟을 선정하는 과정을 보여준다.

〈그림 3-4〉는 기업의 목표와 자원, 세분시장의 크기와 성장성, 구조적 매력도 등을 통합적으로 고려해 6개의 세분시장을 선정한 일련의 과정을 보여준다. 6개의 타겟을 선정해 이들 6개 각각에 최적화된 마케팅믹스[3]를 개별화해 제공하는 전략을 차별적 마케팅전략(differentiated marketing strategy) 혹은 세분화 마케팅전략(segmented marketing strategy)이라 한다. 6개의 세분시장 간의 차이를 인정하지 않고 동일한 마케팅믹스를 활용해 시장을 공략하는 전략을 비차별적 마케팅전략(undifferentiated marketing strategy) 혹은 대량 마케팅전략(mass marketing strategy)이라 한다. 또 6개의 세분시장 중 하나의 세분시장에 집중해 그 세분시장에만 적합한 마케팅믹스를 제공하는 전략을

---

3 마케팅믹스(marketing mix)는 타겟으로부터 기대하는 반응을 창출하기 위해 사용하는 통제가능하고 전술적인 마케팅도구들의 집합을 의미한다. 마케팅믹스는 기업이 제품에 대한 수요에 영향을 미치기 위해 수행하는 모든 것을 포함하지만, 대체로 제품(product), 가격(price), 유통(place), 촉진(promotion)으로 구성되는 4Ps로 분류할 수 있다(코틀러와 암스트롱, 2014).

● 그림 3-5. 비차별적 마케팅전략을 활용하는 오리온 초코파이의 마케팅

자료: 오리온 초코파이 홈페이지(http://www.chocopie.co.kr/).

● 그림 3-6. 집중적 마케팅전략을 활용하는 롤스로이스

자료: 롤스로이스 홈페이지(https://www.rolls-roycemotorcars.com/).

집중적 마케팅전략(concentrated marketing strategy)이라 한다. 어떤 전략이 가장 효과적인지를 판단하는 기준은 기업의 활용 가능한 자원이 무엇이며, 향후의 기업 비즈니스 포트폴리오를 어떻게 구성할 것인가 등을 고려해 결정해야 한다.

오리온 초코파이는 비차별적 마케팅전략을 채택해 하나의 마케팅믹스를 활용함으로써 전 세계 파이시장을 공략하고 있다. 세계적인 명차 브랜드 롤스로이스(Rolls-Royce)는 최저 4억 4900만 원에서 최고 7억 4000만 원까지의 자동차를 판매하는데 자산기준으로 최상위집단만을 대상으로 하는 집중적 마케팅전략을 채택하고 있다. 현대자동차는 소득, 편익, 성별, 라이프스타일 등을 복합적으로 활용해 실제적이거나 잠재적인 자동차 구매자들을 세분화한 후, 각 세분시장에 적합한 마케팅믹스를 제공하는 차별적 마케팅전략을 채택하고 있다. 〈그림 3-5〉, 〈그림 3-6〉, 〈그림 3-7〉은 이들 기업이 채택하고 있는 마케팅전략을 설명한다.

한편 '공중세분화'에서 할라한(2000)은 특정 문제에 대한 관여도와 지식의 정도에 의해 공중을 활동공중, 인지공중, 환기공중, 비활동공중으로 분류하고 있으며, 이런 유형화는 PR연구의 전통적인 모델로 간주되고 있음을 설명한 바 있다. 이렇게 공중을 4개의 유형으로 구분한 후에 해결해야 하는 문제의 진화 정도와 공중의 영향력 정도를 고려해 4개 중 하나 이상을 타겟으로 선정할 수 있다. 또 할라한(2001)은 네 유형의 공중별 전략을 제시하고 있는데 활동공중을 관리하기 위한 전략인 협상전략, 인지공중을 관리하기 위한 전략인 교육전략, 환기공중을 관리하기 위한 전략인 개입전략, 비활동공중을 관리하기 위한 전략인 예방전략 등이 있다. 이들 전략을 하나씩 구체적으로 살펴보자.

'협상전략'은 고관여, 고지식의 활동공중 대상 전략이다. 협상전략에는 적극적 활동공중과 직접적 접촉을 피하는 '회피전략', 쟁점을 세분화하고 세부

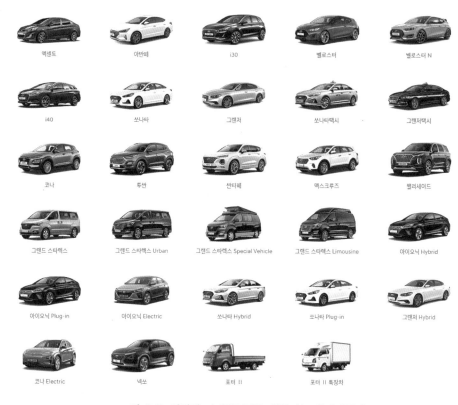

그림 3-7. 차별적 마케팅전략을 활용하는 현대자동차

자료: 현대자동차 홈페이지(https://www.hyundai.com/kr/ko).

쟁점 중 일부는 양보하고 나머지는 입장을 관철하려는 '교섭전략', 활동공중의 주장을 인정하는 '인정전략', 마지막으로 활동공중의 주장을 전면적으로 받아들이는 '양보전략'이 있다(할라한, 2001; 박종민, 2015).

교육전략은 인지공중에 대한 전략직 대응으로 '매체옹호전략', '로비전략', '동맹구축전략' 등이 있다. '매체옹호전략'과 '로비전략'은 언론 및 정부관계자들을 설득하고 정책집행을 옹호하게 만드는 전략이다. 퍼블리시티, 언론광고, 다른 정부단체 대상 로비 등이 여기에 속한다. '동맹구축전략'은 인지공중을 설득해 동맹으로 포섭하는 전략이다(할라한, 2001; 박종민, 2015).

'개입전략'은 관여가 높아 지식만 쌓이면 활동공중으로 발전할 수 있는 환기공중에 대한 전략이다. 세부적으로 쟁점의 중요성을 사전에 차단하는 '봉쇄전략', 표면적으로 화해를, 이면에는 쟁점을 차단하려는 '가시적 협조전략', 반대 공중을 사전 파악하고 협력해 조직화를 막고 신뢰를 높이는 '확대·협력전략', 반대 공중과 화해를 하는 '모니터링전략'과 '문의대응전략'이 있다. '모니터링전략'은 각종 정책쟁점의 지속적인 감시시스템으로 공중 태도를 사전에 파악하려는 전략이며, 사전에 공중의 문제 제기를 해결하는 전략이 '문의대응전략'이다(할라한, 2001; 박종민, 2015).

비활동공중을 대상으로 하는 '예방전략'은 쟁점의 주의 및 관심을 사전 차단하는 것이다. 이는 정책집행자가 원하는 방향으로 공중의 관심을 이끌기 위해 공중의 의견을 사전에 파악한 후 정책집행에 긍정적 태도를 유도하는 전략이다. 정책집행조직 옹호전략에는 제공하는 이익을 공중에게 설득하는 '환심사기 전략', 사회공헌활동(문화, 예술, 환경 등)을 통해 정책이 사회에 긍정적 기여를 한다는 것을 설명해 집행조직의 명성을 강화하는 '평판강화전략' 등이 있다. 옹호와 화해를 아우르는 혼합전략으로 정책집행의 사전 문제를 해결하는 '성과모니터링·품질보장전략'이 있으며, 공중 중심적 화해전략으로는 공중 입장을 미리 파악해 입장을 따르는 '여론조사 및 시장모니터링전략'이 있다(할라한, 2001; 박종민, 2015).

이 장에서는 전통적인 마케팅연구에서 활용하고 있는 시장세분화 및 타게팅, PR연구에서 개발된 공중세분화 및 타게팅을 살펴봤다. 또한 마케팅적인 접근을 따를 때 채택할 수 있는 전략과 PR적인 접근을 따를 때 채택할 수 있는 전략까지 제시했다. 이들 전략은 다음 장에서 살펴볼 메시지, 프로그램 설계 시에 활용해야 한다.

마지막으로 2부에서 학습했던 4가지 유형의 척도, t-test, ANOVA를 타게팅

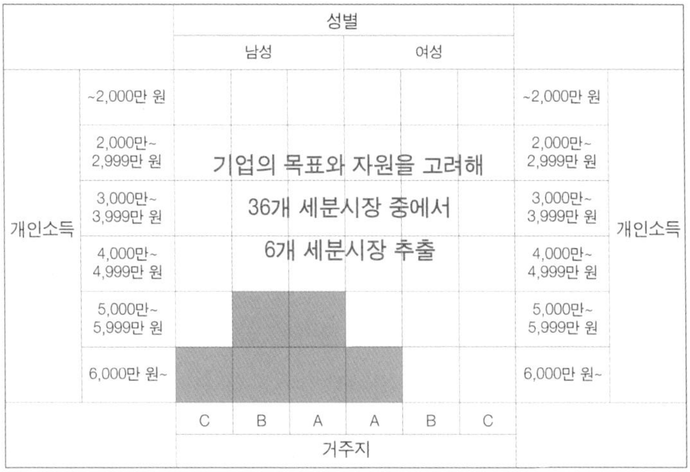

	성별						
	남성			여성			
~2,000만 원							~2,000만 원
2,000만~2,999만 원	기업의 목표와 자원을 고려해						2,000만~2,999만 원
3,000만~3,999만 원	36개 세분시장 중에서						3,000만~3,999만 원
4,000만~4,999만 원	6개 세분시장 추출						4,000만~4,999만 원
5,000만~5,999만 원							5,000만~5,999만 원
6,000만 원~							6,000만 원~
개인소득	C	B	A	A	B	C	개인소득
			거주지				

A: 수도권 거주자
B: 비수도권 광역자치단체 거주자
C: 비수도권 기초자치단체 거주자

세분시장의 크기와 성장성

구조적 매력도	High	Medium	Low
High	세분시장 I	세분시장 III	세분시장 VI
Medium	세분시장 II	세분시장 IV	–
Low	세분시장 V	–	–

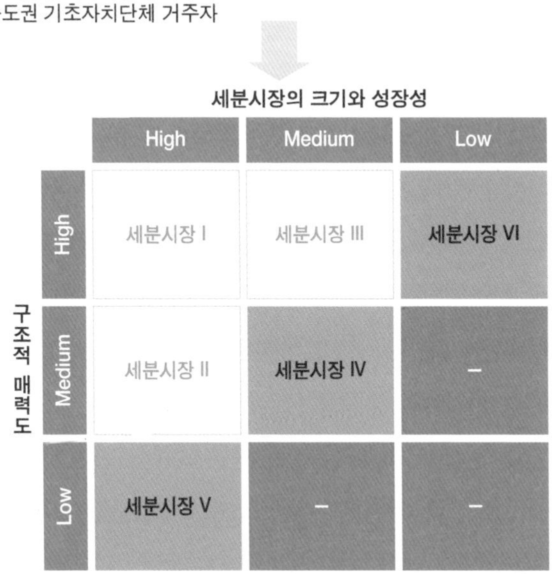

세분시장 I: 개인소득 6,000만 원 이상 남성 중 수도권 거주자
세분시장 II: 개인소득 6,000만 원 이상 남성 중 비수도권 광역자치단체 거주자
세분시장 III: 개인소득 6,000만 원 이상 남성 중 비수도권 기초자치단체 거주자
세분시장 IV: 개인소득 5,000만~5,999만 원 남성 중 수도권 거주자
세분시장 V: 개인소득 5,000만~5,999만 원 남성 중 비수도권 광역자치단체 거주자
세분시장 VI: 개인소득 6,000만 원 이상 여성 중 수도권 거주자

● 그림 3-8. 세분시장 평가기준의 통합적 활용에 기반한 타겟 선정 과정

에서 어떻게 활용해야 하는지를 설명한다. t-test와 ANOVA는 명목척도나 서열척도로 측정된 집단 간에 평균값(등간척도나 비율척도로 측정)의 차이가 있는지를 검증하는 데 활용되는 기법이다. 세분화를 실행하게 되면 여러 집단이 생성되기 마련이고 이들 여러 집단에서 특정 기준(인지도, 태도, 행동의도, 관여도, 호감도, 인게이지먼트 등)의 차이가 있는지를 확인해 특정 기준에서 가장 뛰어난 집단을 타겟으로 선정하는 것이 합리적이다. 〈그림 3-8〉은 세분시장 평가기준의 통합적 활용에 기반한 타겟 선정 과정을 보여주는데, 이 과정을 거쳐 6개의 세분시장이 도출되었다. 이들 6개의 세분시장 중 하나만을 선택한다고 가정할 때(집중적 마케팅전략을 채택한다고 가정할 때), 6개 세분시장(명목척도로 측정)의 구매의도의 평균값(등간척도로 측정)을 비교해 구매의도의 평균값이 통계적으로 가장 높은 집단을 타겟으로 선정할 수 있으며, 이런 과정에 활용할 수 있는 기법이 ANOVA이다. 시장을 매우 단순하게 세분화해 남성 세분시장과 여성 세분시장으로 나누고 이 두 세분시장의 구매의도의 차이를 검증하고 싶다면, 두 집단 간의 평균값(이 경우에는 구매의도) 차이 검증을 지원하는 t-test를 활용해 어느 집단의 구매의도가 통계적으로 높은지를 알 수 있다. 2부에서 학습했던 사회과학연구방법론과 통계기법이 공중세분화와 타게팅에 직접적으로 기여한다.

3장 타겟 분석

효과적인 프로그램을 위해서는 타겟이 정밀하게 분석되어야 한다. 타겟 분석을 위한 자료는 상황분석을 할 때 확보한 데이터를 활용한다. 효과적인 타겟 분석을 위해 필자는 데이터 박스(data box)를 제시한다. 데이터 박스는 특정 타겟에 관한 모든 데이터를 한꺼번에 보여주는 도구로서 공중기반형 통합적 SWOT분석과 더불어 프로그램 입안에 직접적인 가이드라인을 제시해 준다. 식품제조업체의 30대 여성을 타겟으로 하는 신제품 출시에 관한 PR기획을 가정해 보자. 〈그림 3-9〉는 데이터 박스의 예이다. 타겟을 먼저 제시한 후, 키워드별로 상세한 데이터를 제시하는 것이 원칙이다. 데이터를 획득한 출처를 밝히는 것도 필요하다. 또 각 데이터 옆에 숫자를 병기했는데 이 숫자는 향후 프로그램 입안에 활용하기 위함이다.

신제품의 성공적 론칭에 영향을 미칠 수 있는 타겟을 30대 여성으로 가정했는데, 만약 복수의 타겟이 존재한다면 타겟별로 데이터 박스를 만들어야 한다. 타겟별 데이터 박스를 만드는 것만으로도 타겟에 관한 분석은 충분하다. 〈그림 3-9〉에서는 6개의 정보원(source)만 활용해 데이터 박스를 작성했지만, 실제 기획에서는 혼합적 연구방법으로 확보한 더 다양한 유형의 데이터를 활용할 수 있다.

▶ **식품 구매 습관**

1. 구매 품목: 가공식품(69.1%) > 농수축산물(67.0%)
   > 건강 · 다이어트식품(38.3%)
2. 식품 · 건강 정보 취득 경로: 인터넷 서핑(41.5%)
   > 오프라인매장(40.0%) > 이벤트 · 프로모션(36.9%)
   > 모바일쇼핑몰(26.2%) > 유선인터넷쇼핑몰(26.2%)
3. 식품 · 건강 광고 접촉 매체: 모바일인터넷(36.5%)
   > 지상파TV(36.5%) > 소셜미디어(21.2%)
   > 온라인동영상광고(19.2%) > 케이블TV(19.2%)
4. 구매 경험 공유 채널: 오프라인 공유(15.4%) > 소셜미디어
   공유(12.3%) > 블로그 · 게시판에 리뷰 · 후기작성(12.3%)
   > 온라인쇼핑몰에 리뷰 · 후기 작성(10.8%)
5. 선호 구매 장소: 오프라인 매장(46.2%)
   > 모바일쇼핑몰(27.2%) > 유선인터넷쇼핑몰(23.1%)
   > TV홈쇼핑(3.1%)
6. 1일 평균 식사시간: 1시간 56분

▶ **가치관 및 라이프스타일**

7. 관심 있는 상품이나 서비스에 대해 자주 잡지나 인터넷을
   찾아본다(70%) > 전체(58%)
8. 내가 산 제품을 나만의 취향과 필요에 맞도록 바꾸기도
   한다(69%) > 전체(60%)
9. 구매하는 브랜드에 대해 더 알기 위해 포장지나 안내자료,
   인터넷 정보를 자주 읽는다(67%) > 전체(58%)
10. 쇼핑은 내 생활의 즐거움이다(65%) > 전체(51%)
11. 자녀양육(41%) > 건강(14%) > 가족관계(8%) > 재산증식(8%)
    > 결혼(7%) > 외모(6%) > 일(2%)
12. 결혼에 대한 견해: 해도 좋고, 하지 않아도 좋다(60.5%) >
    하는 것이 좋다(29.3%) > 하지 않는 것이 좋다(4.3%) >
    반드시 해야 한다(3.7%)

▶ **여가활동**

13. 여가활동 목적: 개인의 즐거움(37.3%) > 스트레스 해소(17.6%)
    > 마음의 안정과 휴식(16.2%) > 자기만족(8.7%)
14. 선호 여가활동 유형: 휴식활동(47.8%) > 취미오락활동(33%)
    > 스포츠참여활동(10.3%)
15. 주말 여가활동: 가족과 함께 시간 보내기(71%)
    > TV시청(66%) > 잠자기(52%) > 백화점, 할인점, 시장 등
    쇼핑(51%) > 당일 근교 나들이(49%) > 친구와 함께 시간
    보내기(48%) > 휴식(45%) > 인터넷 서핑(44%)
    > 영화관람(43%) > 동호회 및 모임 참석하기(23%)

▶ **매체 소비 습관**

16. 선호모델: 공유(16%) > 송중기(13%) > 박보검(6%)
    > 전지현(5%) > 정우성(5%)
17. 영상콘텐츠 시청 디바이스: 모바일(39%) = TV(39%)
    > PC(18%)
18. 소셜미디어 선호 순위: 인스타그램(74%) > 페이스북(55%)
    > 카카오스토리(30%) > 밴드(14%) > 트위터(7%)
19. 선호 브랜디드 콘텐츠 유형: 영화(49%)
    > TV프로그램 콜라보(36%) > 웹툰(33%) > 뮤직비디오 및
    음원(29%) > 웹드라마(26%) > 게임(6%)

▶ **브랜드자산**

20. 브랜드 보조인지도: 자사(39.2%) > 경쟁브랜드 X(25.7%)
21. 브랜드 최초상기도(식품 카테고리): 자사(15.7%) > 경쟁
    브랜드 X(9.6%)
22. 브랜드이미지: 전문적 > 믿음 > 자신감 > ⋯⋯ > 혁신적
    > 다양성 > 미래지향

▶ Source

메조미디어 (2018),
문화체육관광부 (2017),
브랜드팀 (2018)
통계청 (2107)
한국방송광고진흥공사 (2018),
DMC보고서 (2016),

데이터 박스: 30대 여성

● 그림 3-9. 데이터 박스

4장 목표 설정

1부에서 데이터 기반 PR이 무엇이며 또 왜 필요한지를 살펴보면서 이는 과학적이며 전문적인 PR로 나아가기 위한 전제 조건임을 강조했다. 과학의 탐구 대상 혹은 현상은 관찰가능해야 한다. 관찰할 수 없는 대상을 다루는 분야는 과학이 아니라 신학이다. 래디먼(Ladyman, 2001)은 과학적 연구 활동이 어떻게 진행되는가를 설명하면서 "우리들은 (자연) 세계를 관찰함으로써 시작하고, 그런 다음에는 관찰을 더 하려고 노력하고 체계화하며 결국 그러한 관찰들을 지배하는 아주 일반적인 원리들에 도달하게 된다"고 주장한다(p. 1). 그런데 관찰이라는 용어가 일상적이고 수동적인 행위를 의미할 수 있기 때문에 과학자들은 측정(measurement)이란 용어를 더욱 자주 쓴다. 측정은 변수를 구성하는 속성에 의해 대상이나 현상을 기술해 내기 위해 현실세계를 조심스럽게 또 의도적으로 관찰한다는 의미이다(Babbie, 2013). 따라서 PR이 과학이라고 주장하기 위해서는 PR영역에서 일어나는 현상들을 측정할 수 있어야 한다.

그렇다면 PR의 결과는 과연 측정가능한 것인가? 결과의 측정을 가능하게 하려면 우선 PR의 목표가 적절한 방식으로 설정되어야 한다. 명확하고 측정가능한 목표만 수립했다면 평가는 비교적 쉽다(Watson & Noble, 2005). 왜냐하면 결과를 평가하는 가장 쉬운 방법은 결국 애초에 설정했던 특정 활동의 목표가 달성되었는지를 확인하는 목표기반평가(EBO: evaluation by objectives)를 채택하는 것이다. 그렇다면 PR의 결과를 측정가능하게 해주는 PR의 목표는 어떻게 설정해야 하는가? SMART하게 설정해야 한다. SMART는 여러 영어단어의 첫 글자로 만들어진 두문자어로 〈그림 3-10〉은 SMART형 PR목표를 설명한다.

step-by-step이란 PR의 목표를 일정한 단계로 나누거나 단계를 거치는 방

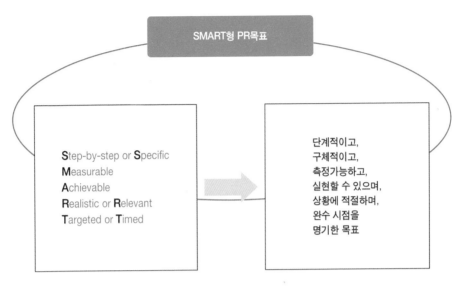

단계적이고,
구체적이고,
측정가능하고,
실현할 수 있으며,
상황에 적절하며,
완수 시점을
명기한 목표

Step-by-step or Specific
Measurable
Achievable
Realistic or Relevant
Targeted or Timed

SMART형 PR목표

● 그림 3-10. SMART형 PR목표

식을 의미한다. 예를 들어 신생업체가 새로운 치약 브랜드를 출시해 이를 시장에 알리는 PR을 기획한다고 가정해 보자. 치약시장은 이미 포화상태의 완전경쟁시장이며 게다가 기업 자체의 인지도도 거의 없다. 이런 조건에서 '브랜드 X의 인지도를 올해 안에 100% 달성하기'라는 PR목표는 무의미하다. '2019년도 상반기까지 브랜드 X의 인지도를 30% 달성하기', '2019년도 하반기까지 브랜드 X의 인지도를 50% 달성하기' 등으로 목표를 단계로 나누어 설정하는 것이 바람직하다.

specific이란 PR의 목표를 모호하게 설정하는 것이 아니라 구체적으로 설정함을 의미한다. 앞서 예를 든 치약업체를 계속 살펴보자. '브랜드 X를 알리기'라는 PR목표는 어설프기 그지없다. 브랜드 X의 무엇을 알리겠다는 것인지 전혀 알 수 없다. 브랜드 X의 로고를 알리겠다는 것인지, 인지도를 높이겠다는 것인지, 충성도를 높이겠다는 것인지 알 수 없는 모호한 PR목표는 지양해야

〈PR Tip 3-2〉 매니페스토 운동과 SMART

　선거와 관련해 유권자에 대한 계약으로서의 공약, 곧 목표와 이행 가능성, 예산 확보의 근거 등을 구체적으로 제시한 공약을 말한다. 어원은 '증거' 또는 '증거물'이라는 의미의 라틴어 마니페스투(manifestus)이다. 이 말이 이탈리아어로 들어가 마니페스또(manifesto)가 되어 '과거 행적을 설명하고 미래 행동의 동기를 밝히는 공적인 선언'이라는 의미로 사용되었다. 같은 의미로 1644년 영어권 국가에 소개되어 오늘에 이른다.

　평가기준으로는 공약의 구체성(specific), 검증가능성(measurable), 달성가능성(achievable), 타당성(relevant), 기한 명시(timed)의 5가지가 있다. 이 5가지의 영어 첫 글자를 따서 '스마트(SMART)지수'로써 공약을 분석 및 평가한다. 또 공약의 지속성(sustainability), 자치력 강화(empowerment), 지역성(locality), 후속조치(following)의 첫 글자를 딴 셀프(SELF)지수도 평가의 기준으로 삼는다. 이를 통해 선거에 승리한 정당이나 후보자에게 이행에 대한 책임을 묻기 때문에 이행 정도에 따라 다음 선거에도 영향을 끼친다. 그러나 이러한 지표는 유권자와 밀접한 선거인 지방선거에서 더 의의가 있다.

　이 개념은 1834년 영국 보수당 당수인 로버트 필(Robert Peel)이 유권자들의 환심을 사기 위한 공약은 결국 실패하기 마련이라면서 구체화된 공약의 필요성을 강조한 데 기원을 둔다. 1997년 영국 노동당의 토니 블레어(Tony Blair)가 집권에 성공한 것은 매니페스토 10대 정책을 구체적으로 제시한 데 힘입었다. 2003년 일본에서는 가나가와현의 지사 선거에서 마쓰사와 시게후미(松澤成文) 후보가 매니페스토 37가지를 공표해 당선되어 주목받았다.

　한국에서는 2000년에 전개되었던 낙천, 낙선운동의 연장선상에서 2006년 5월 31일의 지방선거를 계기로 후보자들이 내세운 공약이 구체성을 띠고 있으며 실현가능한지, 곧 '갖춘 공약'인지의 여부를 평가하자는 매니페스토 운동이 시민단체를 중심으로 전개되었다.

자료: 매니페스토 (2019, 4, 7).

한다.

measurable이란 측정가능한 목표를 세워야 함을 의미한다. PR을 실행한 후 그 활동이 실제로 어떻게 이루어졌는지 확인할 수 있는, 다시 말해 측정할 수 있는 목표를 설정해야 한다. 앞서 말했듯이 PR효과 측정은 어렵지 않다. 처음에 설정한 PR목표가 실제로 이루어졌는지를 확인하면 되기 때문이다. '브랜드 X의 인지도를 30% 달성하기'와 같은 PR목표는 측정가능하다. PR을 집행한 후 소비자조사를 통해 실제로 브랜드타겟의 몇 퍼센트가 브랜드 X를 인지하고 있는지를 조사하면 되기 때문이다. 정책에 대한 찬반이 갈리는 정책PR의 경우, 'ㅇㅇㅇㅇ 정책의 찬성률을 60% 이상 달성하기'처럼 그 수치를 명시함으로써 목표 달성 여부를 쉽게 확인할 수 있도록 목표를 설정해야 한다.

achievable, realistic, relevant 등은 실현가능한, 적절한 PR목표를 설정해야 함을 의미하는데 앞서 언급한 step-by-step과 일맥상통한다. '브랜드 X를 전 국민이 월 평균 3개 이상 사용하기'라는 목표는 실현가능성이 전혀 없다.

targeted는 PR목표에 PR타겟을 명시함을 의미한다. '전 국민의 브랜드 X에 대한 인지도를 제고하기'보다는 '20대 직장 여성의 브랜드 X에 대한 인지도를 제고하기'가 바람직하다. 마케팅과 PR의 타겟이 구체적이고 명확할수록 목표 달성이 용이해진다는 점에서 목표에 타겟을 명시하는 것이 적절하다.

마지막으로 timed는 목표에 언제까지 완수하겠다는 것을 명시하는 것을 의미한다. '브랜드 X의 인지도를 30% 달성하기'라는 목표보다는 '2019년 상반기까지'라는 완수 시점을 명시하는 것이 바람직하다.

SMART형 PR목표 설정이 PR목표 설정의 첫 번째 원칙이라면 PR목표의 위계화는 두 번째 원칙이다. 즉 인지도 목표, 태도 형성 목표, 행동 변화 목표 등의 위계가 있어야 한다(와슨과 노블, 2005). 인지도 목표는 정보 전달에 관한 목표로 캠페인이나 프로그램의 타겟에게 정보(혹은 지식)가 알려졌는지에 관한 목표이다. 태도 형성 목표는 동기부여에 관한 목표로 정보가 효과를 유

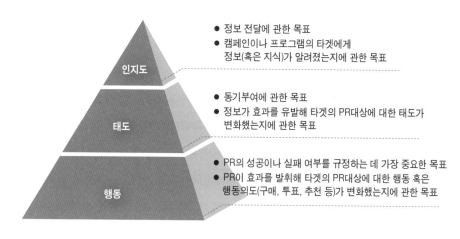

정보 전달에 관한 목표
캠페인이나 프로그램의 타겟에게
정보(혹은 지식)가 알려졌는지에 관한 목표

동기부여에 관한 목표
정보가 효과를 유발해 타겟의 PR대상에 대한 태도가
변화했는지에 관한 목표

PR의 성공이나 실패 여부를 규정하는 데 가장 중요한 목표
PR이 효과를 발휘해 타겟의 PR대상에 대한 행동 혹은
행동의도(구매, 투표, 추천 등)가 변화했는지에 관한 목표

인지도

태도

행동

● 그림 3-11. PR목표의 위계

발해 타겟의 PR대상에 대한 태도가 변화했는지에 관한 목표이다. 행동 변화 목표는 PR의 성공이나 실패여부를 규정하는 데 가장 중요한 것으로 PR이 효과를 발휘해 타겟의 PR대상에 대한 행동 혹은 행동의도(구매, 투표, 추천 등)가 변화했는지에 관한 목표이다. 〈그림 3-11〉은 PR목표의 위계를 도식화한 것이다.

브룸과 샤(Broom & Sha, 2013)는 SMART형 PR목표의 좋은 예를 제시하고 있는데 이들의 목표를 와슨과 노블(2005)의 PR위계에 관한 설명으로 재구성하면 〈그림 3-12〉와 같다.

PR목표의 위계 중 첫 번째가 인지도 목표인데 인지도는 좀 더 자세히 살펴볼 필요 있다. 특정 대상의 인지도를 제고하는 것은 PR, 광고, 마케팅 모두에서 중요하나 특히 브랜드 관련 PR, 광고, 마케팅에서는 인지도가 더욱 중요한 의미를 갖는다. 다양한 상황하에서 특정 브랜드를 식별할 수 있는 소비자의 능력을 의미하는 브랜드인지도(Keller, 2013)는 구매 관점에서 볼 때 구매 사이클링상에서 고객이 평가 단계로 넘어갈 때 특정 제품이나 서비스를 가장 먼

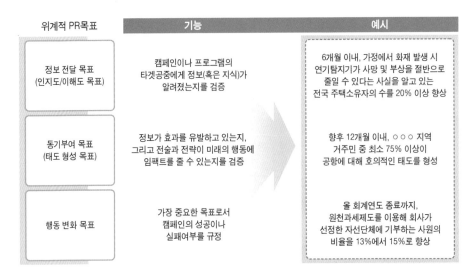

위계적 PR목표	기능	예시
정보 전달 목표 (인지도/이해도 목표)	캠페인이나 프로그램의 타겟공중에게 정보(혹은 지식)가 알려졌는지를 검증	6개월 이내, 가정에서 화재 발생 시 연기탐지기가 사망 및 부상을 절반으로 줄일 수 있다는 사실을 알고 있는 전국 주택소유자의 수를 20% 이상 향상
동기부여 목표 (태도 형성 목표)	정보가 효과를 유발하고 있는지, 그리고 전술과 전략이 미래의 행동에 임팩트를 줄 수 있는지를 검증	향후 12개월 이내, ○ ○ ○ 지역 거주민 중 최소 75% 이상이 공항에 대해 호의적인 태도를 형성
행동 변화 목표	가장 중요한 목표로서 캠페인의 성공이나 실패여부를 규정	올 회계연도 종료까지, 원천과세제도를 이용해 회사가 선정한 자선단체에 기부하는 사원의 비율을 13%에서 15%로 향상

● **그림 3-12. 위계에 의한 SMART형 PR목표**

자료: Broom & Sha (2013)와 Watson & Noble (2005)을 통합 및 재구성.

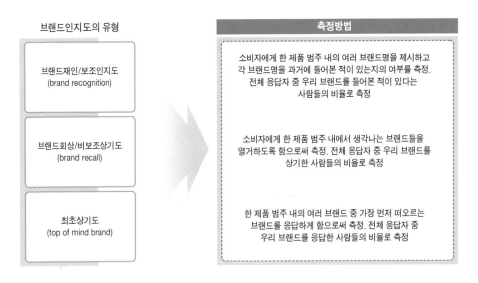

브랜드인지도의 유형	측정방법
브랜드재인/보조인지도 (brand recognition)	소비자에게 한 제품 범주 내의 여러 브랜드명을 제시하고 각 브랜드명을 과거에 들어본 적이 있는지의 여부를 측정. 전체 응답자 중 우리 브랜드를 들어본 적이 있다는 사람들의 비율로 측정
브랜드회상/비보조상기도 (brand recall)	소비자에게 한 제품 범주 내에서 생각나는 브랜드들을 열거하도록 함으로써 측정. 전체 응답자 중 우리 브랜드를 상기한 사람들의 비율로 측정
최초상기도 (top of mind brand)	한 제품 범주 내의 여러 브랜드 중 가장 먼저 떠오르는 브랜드를 응답하게 함으로써 측정. 전체 응답자 중 우리 브랜드를 응답한 사람들의 비율로 측정

● **그림 3-13. 브랜드인지도의 유형**

저 고려하도록 하는 역할을 수행하기 때문이다(Jeffery, 2010). 즉, 브랜드인지도가 높은 브랜드는 구매 상황에서 최우선적으로 고려대상군(consideration set)에 포함되는 이점을 가진다.

브랜드인지도는 〈그림 3-13〉과 같이 브랜드재인(brand recognition, '보조인지도'라 불리기도 함), 브랜드회상(brand recall, '비보조상기도'라 불리기도 함), 최초상기도(top-of-mind brand)로 나누어진다. 〈그림 3-13〉은 이들 인지도들의 측정방법도 제시한다.

한편 목표와 관련 있는 개념으로 목적이 있다. 목적은 대개 목표보다 좀 더 광범위하고 덜 정교하게 정의되며 목표를 이해하고 적용하는 데 바탕이 되는 것이다. 구체적으로 말해 목적은 조직의 사명이나 비전에 기반을 두고 있는 진술문으로 일상적인 언어를 이용해 (조직의) 쟁점을 나타내며, 조직이 그 쟁점이 어떻게 전개되기를 희망하는지를 보여주는 기능을 수행한다(와슨과 노블, 2005). PR기획에서 목적과 목표를 구분해 제시하는 경우도 있지만 목표를 달성하면 목적이 함께 달성된다는 점에서, 또 목적은 다소 모호할 수도 있다는 점에서 목표만 제시하는 경우가 많다.

지금까지 SMART형 PR목표와 PR목표의 위계에 대해 살펴봤다. 그런데 PR목표를 이런 원칙에 맞게 설정하는 것 못지않게 중요한 것이 있다. 바로 상황분석에서 확보한 데이터를 기반으로 목표를 세워야 한다는 것이다. 예를 들어 브랜드 X의 인지도가 50%를 넘고 있는 상황에서 수억 원을 들여 1년간 진행하는 PR의 목표를 '브랜드 X의 인지도를 40% 달성하기'로 설정한다면, 너무 터무니없을 것이다. 지금 현시점에서 타겟이 브랜드 X를 얼마나 알고 있는지를 데이터로 삼아 PR목표를 설정해야 한다.

이제 데이터를 기반으로 하는 SMART형 PR목표의 예를 구체적으로 제시한다.

〈그림 3-14〉는 고등학생을 주요 타겟으로 설정하고 있는 종합대학교의 PR목표를 제시하고 있다. 2019년에 진행할 PR활동의 목표를 제시하면서 그 데

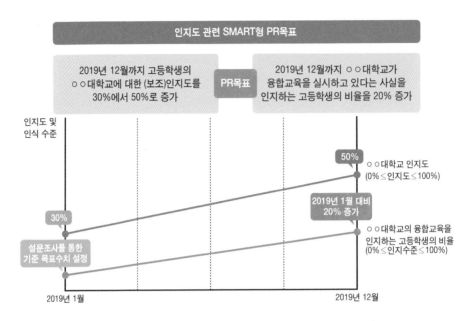

● 그림 3-14. SMART형 PR목표의 예 1

이터로는 전년도에 실시한 브랜드인지도 보고서를 활용했다. 전년도의 인지
도 조사에서 이 종합대학교의 인지도가 30%였다는 데이터를 활용해 SMART
형 PR목표를 설정했다.

〈표 3-9〉는 보건복지부의 '저출산·고령화 인식개선 홍보'의 제안요청서 중
일부이다. PR의 목표를 인지, 태도, 행동으로 나누어 제시함으로써 PR목표의
위계화 원칙을 준수하고 있다. 인지목표, 태도목표, 행동목표를 SMART형식
으로 진술하는데 각 목표의 설정 근거를 전년도에 실시한 서베이보고서에서
인용한 것도 바람직하다. 즉, 상황분석에서 확보한 데이터를 기반으로 목표
를 세웠다. 가장 확실한 효과측정방법은 목표기반평가이다. 보건복지부의 제
안요청서에 제시된 목표는 효과측정을 용이하게 해준다는 점에서 긍정적으
로 평가할 수 있다.

홍보 목표	□ 저출산 대비 인식개선
	 - (인지) 출산 관련 정책의 평균 인지도 40% 달성
	  • 출산 관련 세부 정책의 평균 인지도는 20.1%(2012년 국민인식조사)
	 - (태도) 저출산 극복 캠페인에 대한 호감도 70% 달성
	  • 저출산 극복 "마더하세요" 캠페인에 대한 호감도 56.4%(2012년 국민인식조사)
	 - (행동) 남성 육아 휴직자 비율 전년대비 40% 증가 달성
	  • 남성 육아 휴직자의 비율은 2011년 2.4%, 2012년 2.8%(2012년 10월, 고용노동부 여성
	    고용정책과 발표)
	  • 일본은 2007년 1.56%로 2017년까지 10%, 2020년까지 13%로 올리겠다는 목표 설정
	    (2009년 후생노동성)
	
	□ 고령화 대비 인식개선
	 - (인지) 고령화 관련 정책의 평균 인지도 40% 달성
	  • 고령화 관련 세부 정책의 평균 인지도는 8.9%에 불과(2012년 국민인식조사)
	 - (태도) 노후준비는 '30·40대부터'라는 응답률 80% 달성
	  • 노후준비는 '30대부터' 43.8%, '40대부터' 34% 응답(2012년 국민인식조사)
	 - (행동) 노후설계서비스 이용자 수 10만 명 증가 달성

홍보 대상	□ 저출산·고령화 인식개선 홍보 대상을 세분화하고, 대상별 차별화된 전략 개발 - (저출산) 예비 부모, 육아 중인 부모, 적극적 의견 개진 부모로 구분 - (고령화) 30·40대 근로자, 은퇴 예정자(베이비붐 세대 포함), 은퇴자로 구분

자료: 보건복지부 (2013).

지금까지 PR이 과학이 되기 위해서는 PR영역에서 일어나는 현상을 관찰 혹은 측정할 수 있어야 한다는 전제 아래 PR의 결과 역시 측정할 수 있어야 하며, 측정을 가능하기 위해서는 목표부터 SMART형으로 설정해야 함을 강조했다. 또, PR목표의 위계도 설명했다. 마지막으로 데이터를 기반으로 하면서 인지목표, 태도목표, 행동목표를 SMART형으로 설정하는 실제 예를 제시했다.

5장 메시지 설정

메시지는 PR활동을 통해 타겟에게 전달되는 내용이나 정보를 말한다. 메시지에는 조직이 전달하고 싶은 내용을 담는 것이 아니라 타겟이 듣고 싶어 하거나 원하는 내용을 담아야 한다. 자동차제조업체가 신차를 출시하면서 PR캠페인을 진행하는 경우를 생각해 보자. 이 업체는 신차가 경쟁업체에는 없는 다양한 신기술로 무장하고 있음을 강조하고 싶어 한다. 그러나 타겟은 신차의 가격을 가장 궁금해한다. 이럴 경우 바람직한 메시지는 기술경쟁력을 강조하는 것이 아니라 가격경쟁력을 강조하는 것이다. 즉, 메시지는 고객이 추구하고 고객이 중요하게 생각하는 '고객가치'를 담고 있어야 한다.

타겟이 듣고 싶어 하는 내용이 무엇인지를 알기 위해서는 타겟 분석의 결과를 다시 활용해야 한다. 앞서 타겟을 분석하기 위한 방법으로 심층면접, 포커스그룹인터뷰, 서베이, 문헌연구 등을 제시했는데, 이런 방법을 수행해 얻은 데이터들을 메시지 설정에 활용해야 한다. 서베이를 통해 타겟이 특정 제품 카테고리 구매 시 가장 중요하게 생각하는 요소가 무엇인지를 파악했다면, 그 요소를 강조하는 메시지를 만들어야 한다.

PR활동의 메시지는 하나일 때가 가장 좋다. 타겟에게 여러 개의 상이한 메시지를 전달하려면 메시지별 프로그램을 따로 실행해야 하며 여러 개의 메시지를 사용한다 하더라도 타겟은 어차피 다 기억하지 못한다. 단, 여러 타겟을 설정한 상태에서 그 복수의 타겟이 서로 상이한 인지, 태도, 행동(의도)을 보인다면 타겟별로 메시지를 맞춤화하는 접근도 가능하다.

1. 메시지 구조론

PR, 광고, 마케팅에서 활용하는 메시지는 외형적으로 나름의 구조가 있다.

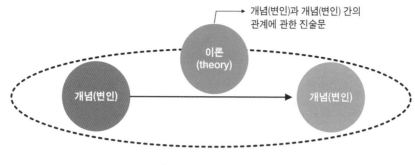

개념(변인)과 개념(변인) 간의
관계에 관한 진술문

이론
(theory)

개념(변인)

개념(변인)

● 그림 3-15. 이론의 외형적 구조

오랜 기간 메시지를 만들어온 실무자들에게는 '메시지의 구조'가 오히려 새삼
스럽고 낯설 수도 있겠지만 PR을 처음 하는 실무자에게는 메시지를 만드는
법칙을 알아두는 것이 시행착오를 줄이는 데 도움이 된다.

우선 과학에서 '이론(理論)'이라고 불리는 것에 대해 알아보자. 이론은 개념
(변인)과 개념(변인) 간의 관계에 관한 진술문이다. '진술문'[4]이라는 말도 낯
설다면 문장으로 이해하자. 과학적 의미에서의 개념은 특정 사물이나 현상에
대한 일반적인 관념이나 지식이다. 공중관계성, 브랜드자산, 인게이지먼트
등 PR에서 일상적으로 쓰는 많은 것들이 특정 현상을 설명하는 개념이다.

〈그림 3-15〉는 과학의 이론이 갖는 보편적인 형태이며, 〈그림 3-16〉은 이
구조를 따르는 이론의 가상적 예라 할 수 있다.

〈그림 3-15〉와 〈그림 3-16〉에서 알아야 하는 것은 이론은 개념과 개념 간의
관계를 설명하며 최소 2개 이상의 개념이 이론을 구성한다는 점이다. 개념은
영어 단어 concept을 옮긴 말인데, PR과 광고의 메시지는 바로 컨셉과 컨셉
간의 관계에 관한 진술문 혹은 문장으로 이해하자. 즉, 과학의 이론과 PR의 메

---

4 어떤 일이나 상황에 대해 자세히 적은 글을 뜻한다.

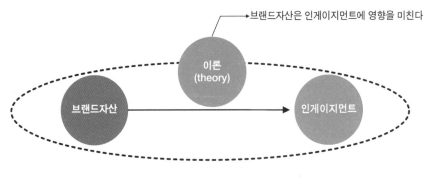

브랜드자산은 인게이지먼트에 영향을 미친다

● 그림 3-16. 이론의 예

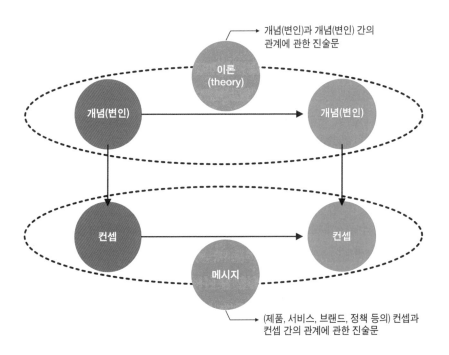

개념(변인)과 개념(변인) 간의
관계에 관한 진술문

(제품, 서비스, 브랜드, 정책 등의) 컨셉과
컨셉 간의 관계에 관한 진술문

● 그림 3-17. 이론과 메시지의 외형적 동일성

시지는 동일한 구조를 갖고 있는 셈이다. 개념, 즉 컨셉 간의 관계에 관한 과학적이며, 검증가능한 진술문이 이론이며 또 타겟이 듣고 싶어 하는 내용을 최소 2개 이상의 컨셉을 활용해 표현한 진술문이 메시지이다. 〈그림 3-17〉은 메시지의 외형적 구조가 이론의 외형적 구조와 동일함을 다시 설명한다.

이제 메시지를 구성하는 컨셉을 〈그림 3-18〉을 보면서 살펴보자. 메시지는 2개의 컨셉, 즉 본질적 컨셉과 설명적 컨셉으로 구성된다. 메시지의 외형적 구조상으로는 일반적으로 본질적 컨셉이 진술문의 뒤쪽에, 설명적 컨셉이 진술문의 앞쪽에 위치한다.

본질적 컨셉은 타겟이 PR대상(제품, 서비스, 브랜드, 정책 등)으로부터 받기를 기대하는 편익을 의미한다. 타겟이 제품, 서비스, 브랜드 등을 구매할 때

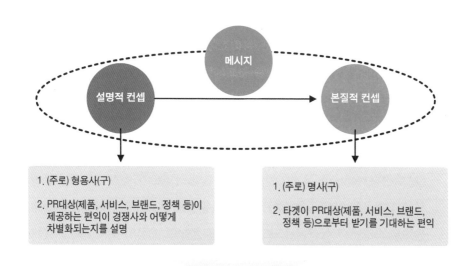

The Ultimate Driving Machine (BMW)
Sheer Driving Pleasure (BMW)
Low fares. Nothing to hide. (Southwest Airlines)

● 그림 3-18. 메시지를 구성하는 컨셉들과 각 컨셉의 기능

중요하게 고려하는 속성들에 해당한다. 피시바인(Fishbein)은 '다속성 태도 모형(multi-attribute model)'을 제시하면서 제품, 서비스, 브랜드 등에 대한 태도는 하나의 요소, 즉 속성만으로 형성되는 것이 아니라 제품, 서비스, 브랜드 등이 갖는 여러 개의 속성으로 구성된다고 설명한다(Fishbein & Ajzen, 1975). 피시바인이 태도를 구성하는 요소라고 설명한 속성이 본질적 컨셉의 자리에 위치하는 것이 일반적이다. 예를 들어 식음료 제품은 가격, 맛, 건강 등이 속성이 될 수 있으며 화장품의 경우에는 색깔, 기능성, 휴대용이성 등이 속성이 될 수 있으며 자동차는 연비, 디자인, 가속성능, 안전성, 전반적 품질 등이 태도를 구성하는 속성이라 할 수 있다. 이런 속성들 중 우리의 타겟이 우리 제품, 브랜드, 서비스를 구매하면 가장 크게 충족될 것이라고 기대하는 속성, 즉 이 제품, 브랜드, 서비스의 선택에 가장 크게 영향을 미칠 수 있는 속성을 본질적 컨셉으로 제시한다.

설명적 컨셉은 PR대상(제품, 서비스, 브랜드, 정책 등)이 제공하는 편익이 경쟁 제품, 서비스, 브랜드, 정책 등과 어떻게 차별화되는지를 제시하는 역할을 맡는다. 설명적 컨셉에서 차별화 표현의 핵심은 경쟁사가 따라오지 못하거나 모방할 수 없는 내용을 담고 있어야 한다는 것이다. 즉, 우리 제품, 서비스, 브랜드, 정책만이 줄 수 있는 편익을 구체적으로 설명하는 기능을 담당한다. 화장품브랜드를 예로 들어보자. 다수의 브랜드가 화장품을 구매하면 피부에 어떤 식으로든 긍정적인 영향을 미칠 것이라고 자랑한다. 즉, 본질적 컨셉으로 화장품의 여러 속성 중 기능성을 강조한다. 이럴 경우 경쟁 브랜드들이 모방하거나 따라올 수 없는 기능성을 우리 브랜드만이 제공한다는 것을 강조해야 한다. 그렇게 해야만 기능성이라는 편익을 제공한다는 다수의 경쟁 브랜드와 우리 브랜드가 차별화된다.

〈그림 3-18〉은 자동차제조업체 BMW의 메시지 2개와 대표적 저비용항공사(LLC)인 사우스웨스트항공(Southwest Airlines)의 메시지를 예로 제시하고

있다. BMW는 본질적 컨셉으로 주행성능을 강조한다. 그런데 주행성능을 강조하는 자동차브랜드들은 많을 수 있다. 어떤 브랜드들은 매우 정숙한 주행성능을 강조할 수도 있으며 어떤 브랜드들은 험지에서의 운동성능을 강조할 수도 있다. BMW는 주행성능만 강조하는 것이 아니라 그 주행성능이 어떠하다는 것을 구체적으로 설명함으로써 경쟁 브랜드들도 강조한 주행성능과 BMW가 강조하는 주행성능을 차별화한다. 그 차별화는 설명적 컨셉, 즉 ultimate(궁극적인), sheer(깎아지른 듯한)와 같은 형용사가 담당한다. 메시지는 타겟이 듣고 싶어 하는 내용을 담아야 한다고 앞서 강조했는데, BMW를 구매하고자 하는 소비자들은 BMW가 정숙성이 뛰어나기 때문에 구매하려는 것도 아니고, BMW가 가격이 저렴하기 때문에 구매하려는 것도 아니다. BMW를 구매하려고 하는 사람들은 이 브랜드의 뛰어난 동력성능 혹은 주행성능이 가져다줄 편익을 기대하기 때문에 구매하려는 것이고, 그 주행성능은 마치 칼로 자른 듯한 날카로운, 그래서 궁극의 주행성능임을 메시지가 담아내고 있다. 〈그림 3-19〉는 BMW의 차별화된 속성을 강조하는 메시지를 담고 있는 광

● 그림 3-19. BMW의 메시지

자료: BMW USA 홈페이지(http://www.bmwusa.com/).

● 그림 3-20. 사우스웨스트항공의 메시지

자료: 사우스웨스트항공 홈페이지(https://www.southwest.com/).

고이다.

〈그림 3-20〉은 사우스웨스트항공의 광고이다. 이 광고의 카피, Low fares. Nothing to hide.도 설명적 컨셉과 본질적 컨셉의 조합을 충실히 따르는 사례이다.

Low fares. Nothing to hide.가 메시지 작성의 문법, 즉 '형용사(구) + 명사(구)'의 형태를 띠지 않는다고 생각할 수도 있다. 이제 슬로건(slogan)에 관해서 논의할 때인 듯하다. 슬로건은 본질적으로 메시지와 동일한 지향을 가리킨다. 메시지는 문어체적·논리적이며, 비감성적인 어휘로 구성된다. 그러다 보니 메시지는 다소 딱딱하고, 타겟이 쉽게 부르기 어렵고, 외우기도 힘들다. 그래서 동일한 지향을 구어체적이며, 흥미를 유발할 수 있으며, 감성적인 어휘로 표현하는 것이 필요하다. 그래야만 브랜드, 제품, 서비스, 정책 등이 타겟에게 제공할 수 있는 가치를 타겟들이 쉽게, 단숨에, 오래 기억할 수 있다. 이런 기능을 수행하는 것이 바로 슬로건이다. Low fares. Nothing to hide.를 다시 분석해 보자. 사우스웨스트항공이 타겟에게 전달하고 싶은 메시지는 '가장 싼 항공운임(the cheapest air fare)'이다. 이 메시지에는 타겟의 관심을 끌만한 흥미와 재미가 없다. 그래서 사우스웨스트항공은 여타 항공사들에 비해서 매우 싼 가격에 항공권을 판매한다는 것을 Low fares. Nothing to hide.라는 슬로건으로 표현하는 것이다. 슬로건은 재미있고 외우기 쉬워야 한다. 간략하고 독창적인 슬로건은 PR활동이 오랫동안 기억되는 데 기여한다(Hendrix & Hayes, 2006).

2. 메시지의 생성 및 활용과정과 메시지의 유형

1) 메시지의 생성 및 활용과정

본질적 컨셉과 설명적 컨셉의 조합으로 구성되는 메시지가 어떤 과정을 거쳐 생성되고 어떤 목적으로 활용되는지를 〈그림 3-21〉은 제시한다.

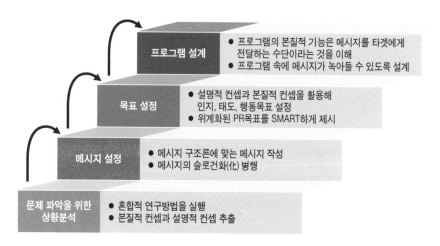

● 그림 3-21. 메시지의 생성 및 활용과정

〈그림 3-21〉은 PR기획의 여덟 과정 중 네 과정이 메시지와 관련 있음을 설명한다. 우선 PR기획의 첫 번째 단계인 '문제 파악을 위한 상황분석'을 살펴보자. 문제 파악을 위해서는 질적 연구방법과 양적 연구방법을 개별적으로 활용하거나 이 둘의 연구방법을 통합적으로 채택하는 혼합적 연구방법을 활용한다. 이런 방법을 활용해 타겟이 조직, 브랜드, 제품, 서비스, 정책 등으로부터 무엇을 받기를 기대하는지를 파악할 수 있다. 즉, 이 단계에서 실행하는 타겟을 대상으로 하는 리서치를 활용해 본질적 컨셉을 도출할 수 있다. 또 '문제 파악을 위한 상황분석'에서는 타겟에 관한 분석뿐만 아니라 경쟁 조직, 경쟁 브랜드, 경쟁 제품, 경쟁 서비스 등에 대한 분석도 진행하는데, 이 경쟁사 분석을 통해 우리 조직, 브랜드, 제품, 서비스, 정책 등을 어떻게 차별화해야 하는지, 즉 설명적 컨셉을 도출할 수 있다.

'문제 파악을 위한 상황분석'에서 파악한 본질적 컨셉과 설명적 컨셉을 활용해 메시지와 슬로건을 만든 후에는 이 2개의 컨셉을 활용해 PR목표도 설정해야 한다. PR기획의 여덟 과정 중 네 번째 단계에 해당하는 '목표 설정'은 앞서 구체적으로 설명했다. 메시지 설정에 활용한 본질적 컨셉과 설명적 컨셉이 PR목표에 어떻게 활용되는지에 관해 예를 들고자 한다. 사우스웨스트항공의 메시지는 '가장 싼 항공운임'이다. 이 메시지를 위계화된 PR목표에 반영해 표현하면 인지 관련 목표는 '캠페인 실행 6개월 이내, 저비용항공사 중에서 사우스웨스트항공의 운임이 가장 저렴하다는 사실을 알고 있는 저비용항공 상용이용객의 수를 20% 이상 향상', 태도 관련 목표는 '캠페인 실행 6개월 이내, 저비용항공 상용이용객 중 최소 75%가 사우스웨스트항공의 저가운임 정책에 호의적인 태도를 형성', 행동 관련 목표는 '캠페인 실행 12개월 이내, 저비용항공 상용이용객 중에서 사우스웨스트항공을 한 번이라도 이용한 고객의 비율을 23%에서 40%로 향상'처럼 제시할 수 있다.

메시지를 반영한 목표를 설정한 후에 메시지를 전달할 수 있는 프로그램도

PR기획자는 고민해야 한다. 프로그램은 '6장 프로그램 설계'에서 상술한다. 메시지는 조직, 브랜드, 제품, 서비스, 정책 등으로부터 타겟이 듣고 싶어 하는 내용이며, 프로그램은 그 '듣고 싶어 하는 내용'을 구체화하는 장치로서 메시지를 타겟에게 전달하는 기능을 해야 한다.

2) 메시지의 유형

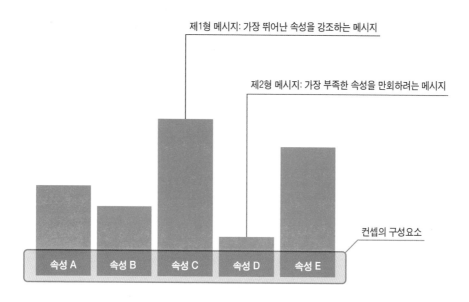

제1형 메시지: 가장 뛰어난 속성을 강조하는 메시지

제2형 메시지: 가장 부족한 속성을 만회하려는 메시지

컨셉의 구성요소

속성 A 속성 B 속성 C 속성 D 속성 E

● 그림 3-22. 제1형 메시지와 제2형 메시지

메시지에는 제1형 메시지(type 1 message)와 제2형 메시지(type 2 message)가 있다. 〈그림 3-22〉는 메시지의 유형을 설명한다.

제품, 서비스, 브랜드, 조직, 정책 등에 대한 태도는 여러 개의 속성으로 구성된다고 앞서 설명했다. 〈그림 3-22〉는 태도를 구성하는 속성을 설명한다. BMW의 The Ultimate Driving Machine과 Sheer Driving Pleasure는 경쟁 브랜

● 그림 3-23. 현대자동차의 Driving is Believing 메시지(슬로건) 활용 예

자료: 왼쪽부터 시계 방향으로 클래시카스 홈페이지(http://www.classycars.org/), 아마존 홈페이지(https://www.amazon.com/), 딜러쿠폰 홈페이지(http://www.dealercoupons.ca/).

드와 차별화되는 BMW만의 주행성능이라는 속성을 강조하는 전형적인 제1형 메시지이다. 사우스웨스트항공의 Low fares. Nothing to hide.도 이 항공사에 대한 태도를 구성하는 여러 요소 중 가장 뛰어난 요소인 저운임을 강조하는 제1형 메시지이다. 반대로 〈그림 3-23〉은 가장 부족한 속성을 만회하려는 메시지, 즉 제2형 메시지의 전형적인 예이다.

Driving is Believing은 현대자동차가 2010년대 초반까지 북미 지역 PR 및 마케팅에서 활용한 것으로 매장 내 디스플레이, 쿠폰북, 자동차 제품설명서 등 다양한 시공간에서 채택되었다. 현대자동차가 북미 지역에서 이 슬로건을 채택한 이유는 명확하고, 합리적이다. 현대자동차의 북미 지역 첫 진출은 1986년에 이루어졌고 1990년에는 미국 진출 5년 만에 100만 대 판매실적을 일구어 냈다. 이 기간에 현대자동차는 과감한 저가정책으로 북미 지역 자동차시장의 신흥강자로 부상하는 성과를 만들어냈지만, 조악한 품질로 구매고객에게서 부정적 평가를 받는 시련을 받게 된다. 자동차가 적게 팔렸다면 현대자동차에 부정적 입소문을 만들어내는 소비자도 적었겠지만, 자동차가 워낙에 많이 팔리면서 품질에 대한 부정적 평가를 내리는 소비자도 그만큼 많아졌다. 이런 계기를 거치면서 현대자동차는 '싼값에 팔리는 차인 만큼 품질은 크게 기대해서는 안 되는 자동차'라는 브랜드이미지를 갖게 된다.

현대자동차에 대한 태도를 구성하는 여러 요소 중 품질이라는 속성에서 가장 저조한 평가를 받게 된 상황에서 Driving is Believing은 현대자동차가 내세울 수 있는, 그 당시 상황에서는 최고의 슬로건이었다. 예전에는 현대자동차의 품질이 조악했을 수 있지만 끊임없는 기술혁신과 개발로 이제는 세계 어느 자동차브랜드와 비교해도 품질 면에서 뒤떨어지지 않으며, 실제로 현대자동차를 몰아보면 품질 면에서 훌륭하다는 것을 체감할 수 있을 것이라는 브랜드의 자신감이 이 슬로건에 담겨 있다. 또 메시지는 타겟이 듣고 싶어 하는 내용을 반영해야 한다는 원칙에도 이 메시지는 충실히 부합한다. 현대자동차 구매를 고민하는 소비자들은 현대자동차가 가격경쟁력은 뛰어나지만 낮은 품질과 잔고장으로 사후관리가 불편할 것이라는 인식을 갖게 되고, 이런 부정적 인식은 부정적 태도를 형성하게 되고, 현대자동차의 품질에 대한 부정적 태도는 구매를 주저하게 한다. 이런 상황에서 현대자동차 구매가능고객이 듣고 싶은 말은 품질 면에서 뛰어나고, 그래서 사후관리에 신경 쓰지 않아도 된다는 말이다. 이 슬로건은 현대자동차를 구매할 가능성이 높은 소비자가 듣고 싶어 하는 내용을 정확하게 담고 있으며, 또 가장 열악한 속성을 만회하기 위한 메시지이므로 제2형 메시지의 전형이다.

3. 메시지를 스틱하게 만드는 비법

히스와 히스(Heath & Heath, 2007)는 메시지를 설명하면서 스틱(stick)이란 개념을 새롭게 해석한다. 스틱이란 평생 기억에 남는 말, 사지 않고는 못 견디게 만드는 광고, 마음을 사로잡는 이미지 등처럼 어떤 메시지가 사람의 뇌리에 딱 꽂히는 현상이라고 주장하면서 어떤 메시지를 스틱하게 만드는 데 유용한 6가지의 원칙을 제시한다.

즉, 수용자가 메시지를 쉽게 받아들이고 오래 기억하게 하려면 메시지가 단순성, 의외성, 구체성, 신뢰성, 감성, 스토리의 6가지 요소 중 최소 하나 이상의 요소를 갖추어야 한다고 주장한다. 단순성이란 하나의 핵심만을 간결하게 표현한 상태를 말한다. 의외성이란 놀라움과 흥미를 자아내는 것을 의미한다. 구체성이란 메시지에 노출되었을 때, 특정한 사물이나 사람, 감정 등을 연상하는 것을 의미한다. 신뢰성이란 메시지에 권위를 부여하는 요소가 있어야 함을 의미한다. 감성이란 메시지에 노출되었을 때, 긍정적이든 부정적이든 무언가를 '느끼게' 하는 요소를 말한다. 마지막으로 히스와 히스(2007)는 메시지는 스토리 안에 녹아 있어야 하며 스토리로 전달될 때 메시지가 쉽게, 오래 기억된다고 주장한다.

〈그림 3-19〉에서 보는 것처럼 BMW는 The Ultimate Driving Machine이라는 메시지를 홈페이지, PR, 광고, 이벤트 등에서 반복적으로 활용하는데, BMW의 메시지는 단순성이 돋보이는 것이라 할 수 있다. 대표적 저비용항공사인 사우스웨스트항공은 설립 초기부터 '가장 싼 항공운임'이라는 메시지와 그 메시지를 반영한 슬로건을 꾸준히 활용하고 있는데, 〈그림 3-24〉에 사용된 슬로건인 "$73"은 단순성, 의외성, 구체성이 뛰어난 것이라 할 수 있다.

히스와 히스(2007)는 쉽게 오래 기억되는 스토리의 공통적인 플롯(plot)도 제시하는데 도전 플롯, 연결 플롯, 창의성 플롯이 그것이다. 도전 플롯이란 스토리 안에 역경과 고난에 맞서 싸우는 내용이 포함된 것을 의미한다. 연결 플롯은 갈등 관계에 있는 사람이나 집단의 화해나 조화를 지향하는 내용을 의미한다. 창의성 플롯은 기존에 없었던 참신한 방식으로 문제를 해결하는 것을 의미한다. 히스와 히스가 스토리를 스틱의 요소로 제안하는 것은 메시지만을

전달하는 것보다는 메시지가 자연스럽게 녹아 있는 스토리를 만들어서 그 스
토리가 타겟들에게 회자될 때, 타겟들의 인지, 태도, 행동에 미치는 영향이 더
클 수 있다고 생각하기 때문이다. 예를 들어 '착하게 살아야 한다'는 메시지가
있다. 그러나 이 메시지를 어린아이에게 반복해서 이야기하는 것보다는 '착하
게 살아야 한다'는 메시지가 담겨 있는 〈흥부전〉이라는 고전소설을 아이에게
들려줄 때, 아이의 인식, 태도, 행동이 달라질 수 있음을 떠올리면 된다. 따라
서 제품, 서비스, 브랜드, 조직, 정책 등의 PR 혹은 마케팅을 담당하는 실무자
는 메시지를 담아낼 수 있는 스토리의 개발에도 많은 관심을 가져야 한다.

6장 프로그램 설계

메시지까지 만들었다면 이제 이 메시지를 타겟에게 전달해야 한다. 흔히 전술이라고도 하는 프로그램은 메시지를 타겟에게 전달하는 수단이다. 프로그램의 목적과 기능을 명확히 이해해야 한다. 메시지의 전달 수단이어야 함을 다시 강조한다. 소셜미디어를 활용한 PR이 트렌드라 해도 타겟이 소셜미디어를 사용하지 않는다면 소셜미디어를 활용하는 프로그램은 메시지를 타겟에게 전달하는 데 적합한 수단이 아니다.

메시지를 설정할 때, 조직이 전달하고 싶은 내용을 담는 것이 아니라 타겟이 듣고 싶어 하거나 원하는 내용을 제시해야 한다고 했듯이 프로그램의 선택역시, 조직이 실행하기에 편한지의 여부로 결정하는 것이 아니라 타겟이 메시지를 불편함 없이 쉽게 받아들일 수 있는지의 여부로 결정해야 한다. 타겟에게 어떤 프로그램이 가장 효과적인지를 알려면 타겟을 이해할 필요가 있다. 이를 위해서는 타겟 분석 시 확보했던 데이터를 다시 활용하면 된다. 이제 데이터 박스를 활용할 때이다.

한편 프로그램은 전술과 같은 의미로 사용한다고 했는데 '전술'을 논의할 때 함께 거론되는 것에는 '전략'이 있다. 전략은 전술의 상위개념이다. 즉, 전략이란 조직의 목적이나 목표를 달성하기 위한 장기적이며 포괄적인 방향을 의미하고, 전술이란 전략을 실행하기 위한 단기적이며 구체적인 수단을 의미한다. 예를 들어 소비층의 확대라는 목적을 달성하기 위해 화장품브랜드는 '저가전략'을 채택할 수 있다. 저가전략을 구체화하기 위해 제품을 하나 구매하면 제품을 하나 더 끼워주는 Buy One, Get One Free라는 행사를 진행하면, 이 행사는 전술에 해당한다.

'1장 문제 파악을 위한 상황분석'에서 공중기반형 통합적 SWOT분석을 제시했다. 상황분석의 결론을 제시할 때 유용한 도구인데 공중기반형 통합적

SWOT분석에서 꼭 수행해야 하는 것은 전략의 도출이다. 혼합적 연구방법을 활용해 확보한 다양한 데이터를 기반으로 전략을 도출하는 과정을 우리는 이미 연습했다. 만약 공중기반형 통합적 SWOT분석에서 전략을 하나 도출했다면 전술은 최소 하나 제시해야 한다. 전략을 n개 도출했다면 각각의 전략을 구체화할 수 있는 전술을 최소 n개 제시해야 한다. 즉, 전략 A를 구체화하는 전술을 최소 1개, 전략 B를 구체화하는 전술도 최소 1개, 전략 C를 구체화하는 전술도 최소 1개를 제시해야 한다. 앞서 '저가전략'을 예로 들었는데 공중기반형 통합적 SWOT분석에서 저가전략을 도출했다면 저가전략을 구체화하는 프로그램으로 Buy One, Get One Free라는 프로그램을 제시하거나 전국의 온·오프라인 매장을 통틀어 가장 싸게 구입했음을 증명하는 인증 샷을 소셜미디어에 올리는 구매고객에게 마일리지를 특별히 더 제공하는 행사를 진행할 수도 있다. 정리하자면 상황분석에서 도출한 전략의 숫자만큼 전술도 제시해야 한다. 각 전략별 최소 1개 이상의 전술을 제시해야 하며 전술의 목적이 메시지를 타겟에게 전달하는 수단임을 고려해 타겟에 관한 프로파일을 통합적으로 제시하는 데이터 박스에 근거해 전술을 제시해야 한다.

프로그램 부문을 작성할 때, 개별적인 프로그램부터 병렬적으로 제시해서는 안 된다. 프로그램 부문의 도입에서 캠페인에 활용될 모든 프로그램을 일목요연하게 보여주는 일종의 종합계획표를 제시한 후, 개별직 프로그램에 대한 설명을 이어나가야 한다.

〈표 3-10〉은 캠페인이 누구를 타겟으로 하고 있는지, 또 그 타겟들에게 어떤 메시지를 어떤 전략과 전술로 전달할 계획인지, 개별적 프로그램들이 활용할 주요 미디어는 무엇인지, 마지막으로 개별적 프로그램들이 어떤 PR목표 달성에 기여하는지를 종합적으로 보여준다. 앞서 PR목표 설정은 목표의 위계화와 SMART화(化)의 원칙을 따른다고 설명했는데 그때 설정했던 목표를 〈표 3-10〉의 목표 1, 목표 2, 목표 3의 자리에 입력하면 된다.

● 표 3-10. 프로그램 종합계획표

타겟	○○○○○○		
메시지	○○○○○○○○○○○○○○○○○○		
전략명	프로그램명	PR목표 기여	주 활용 미디어
전략 A	프로그램 A-1	(목표 1) 목표 2, 목표 3	인스타그램 콘텐츠
전략 A	프로그램 A-2	(목표 1) 목표 2, 목표 3	인스타그램광고
전략 A	프로그램 A-3	(목표 1)(목표 2) 목표 3	유튜브광고
전략 B	프로그램 B-1	(목표 1) 목표 2, 목표 3	페이스북광고
전략 B	프로그램 B-2	(목표 1)(목표 2) 목표 3	기자 간담회
전략 B	프로그램 B-3	목표 1, 목표 2, (목표 3)	오프라인 이벤트
전략 C	프로그램 C-1	목표 1, 목표 2, (목표 3)	주요 매장 POP
전략 C	프로그램 C-2	목표 1, 목표 2, (목표 3)	포털 모바일광고
전략 C	프로그램 C-3	목표 1, 목표 2, (목표 3)	포털 PC광고

　　이제 데이터 박스를 활용해 프로그램을 실제로 설계해 보자. 〈그림 3-25〉
는 식품제조업체의 30대 여성 타겟에 관한 데이터 박스이다. 식품 구매 습관,
가치관 및 라이프스타일, 브랜드자산, 여가활동, 매체 소비 습관 등 5개 키워
드별로 데이터를 제시하고 있으며, 각 데이터에는 숫자가 병기되어 있다. ① 가
공식품에 대한 선호, ③ 모바일인터넷 이용, ④ 소셜미디어 공유, ⑮ 가족과
함께 시간 보내는 여가활동 선호, ⑱ 소셜미디어 중 인스타그램 가장 선호 등
의 5개 데이터를 기반으로 인스타그램에 가족 구성원 최소 1명 이상과 이 브
랜드가 판매하는 가공식품을 직접 요리하는 사진이나 동영상을 공유하는 30대
여성에게 경품을 주는 이벤트를 기획할 수 있다.

　　가급적 많은 데이터를 기반으로 하는 프로그램을 설계하는 것이 중요하다.
지금 우리는 데이터 기반 PR기획을 학습하고 있다. PR프로그램도 당연히 데

▶ 식품 구매 습관
1. 구매 품목: 가공식품(69.1%) > 농수축산물(67.0%) 　> 건강·다이어트식품(38.3%)
2. 식품·건강 정보 취득 경로: 인터넷 서핑(41.5%) 　> 오프라인매장(40.0%) > 이벤트·프로모션(36.9%) 　> 모바일쇼핑몰(26.2%) > 유선인터넷쇼핑몰(26.2%)
3. 식품·건강 광고 접촉 매체: 모바일인터넷(36.5%) 　> 지상파TV(36.5%) > 소셜미디어(21.2%) 　> 온라인동영상광고(19.2%) > 케이블TV(19.2%)
4. 구매 경험 공유 채널: 오프라인 공유(15.4%) > 소셜미디어 　공유(12.3%) > 블로그·게시판에 리뷰·후기작성(12.3%) 　> 온라인쇼핑몰에 리뷰·후기 작성(10.8%)
5. 선호 구매 장소: 오프라인 매장(46.2%) 　> 모바일쇼핑몰(27.2%) > 유선인터넷쇼핑몰(23.1%) 　> TV홈쇼핑(3.1%)
6. 1일 평균 식사시간: 1시간 56분

▶ 가치관 및 라이프스타일
7. 관심 있는 상품이나 서비스에 대해 자주 잡지나 인터넷을 　찾아본다(70%) > 전체(58%)
8. 내가 산 제품을 나만의 취향과 필요에 맞도록 바꾸기도 　한다(69%) > 전체(60%)
9. 구매하는 브랜드에 대해 더 알기 위해 포장지나 안내자료, 　인터넷 정보를 자주 읽는다(67%) > 전체(58%)
10. 쇼핑은 내 생활의 즐거움이다(65%) > 전체(51%)
11. 자녀양육(41%) > 건강(14%) > 가족관계(8%) > 재산증식(8%) 　> 결혼(7%) > 외모(6%) > 일(2%)
12. 결혼에 대한 견해: 해도 좋고, 하지 않아도 좋다(60.5%) > 　하는 것이 좋다(29.3%) > 하지 않는 것이 좋다(4.3%) > 　반드시 해야 한다(3.7%)

▶ 여가활동
13. 여가활동 목적: 개인의 즐거움(37.3%) > 스트레스 해소(17.6%) 　> 마음의 안정과 휴식(16.2%) > 자기만족(8.7%)
14. 선호 여가활동 유형: 휴식활동(47.8%) > 취미오락활동(33%) 　> 스포츠참여활동(10.3%)
15. 주말 여가활동: 가족과 함께 시간 보내기(71%) 　> TV시청(66%) > 잠자기(52%) > 백화점, 할인점, 시장 등 　쇼핑(51%) > 당일 근교 나들이(49%) > 친구와 함께 시간 　보내기(48%) > 휴식(45%) > 인터넷 서핑(44%) 　> 영화관람(43%) > 동호회 및 모임 참석하기(23%)

▶ 매체 소비 습관
16. 선호모델: 공유(16%) > 송중기(13%) > 박보검(6%) 　> 전지현(5%) > 정우성(5%)
17. 영상콘텐츠 시청 디바이스: 모바일(39%) = TV(39%) 　> PC(18%)
18. 소셜미디어 선호 순위: 인스타그램(74%) > 페이스북(55%) 　> 카카오스토리(30%) > 밴드(14%) > 트위터(7%)
19. 선호 브랜디드 콘텐츠 유형: 영화(49%) 　> TV프로그램 콜라보(36%) > 웹툰(33%) > 뮤직비디오 및 　음원(29%) > 웹드라마(26%) > 게임(6%)

▶ 브랜드자산
20. 브랜드 보조인지도: 자사(39.2%) > 경쟁브랜드 X(25.7%)
21. 브랜드 최초상기도(식품 카테고리): 자사(15.7%) > 경쟁 　브랜드 X(9.6%)
22. 브랜드이미지: 전문적 > 믿음 > 자신감 > …… > 혁신석 　> 다양성 > 미래지향

▶ Source
메조미디어 (2018), 문화체육관광부 (2017), 브랜드팀 (2018) 통계청 (2107) 한국방송광고진흥공사 (2018), DMC보고서 (2016),

데이터 박스: 30대 여성

● 그림 3-25. 데이터 박스

<PR Tip 3-3> 세일즈 프로모션과 이벤트

1. 세일즈 프로모션에 관한 전반적 이해

먼저 세일즈 프로모션(SP: sales promotion)이 무엇인지부터 알아보자. 미국 마케팅협회(AMA)에서는 SP를 인적판매, 광고, 퍼블리시티를 제외한 소비자의 구매나 유통업체의 효율을 자극하는 마케팅활동으로 규정한다. 코틀러와 켈러(2016)는 제품이나 서비스를 구매 및 사용하도록 장려하는 단기적인 인센티브로 정의한다.

쉽게 생각하면 제조업체나 유통업체가 다양한 볼거리, 다양한 혜택, 다양한 기회 등을 소비자에게 제공함으로써 유통업체와 소비자의 관심을 끌어모으려는 마케팅활동으로 이해하면 된다. 놓치지 말아야 할 점은 SP의 타겟이 소비자에 국한되지 않고 소매상, 도매상, 대형할인점, 백화점 등과 같은 유통업체에까지 확대된다는 점이다. 마케팅활동의 성공에서 유통업체의 역할과 기능을 중요시하고 있음을 알 수 있다.

SP는 흔히 소비자 프로모션(CP: consumer promotion)과 판매원 프로모션(TP: trade promotion)으로 나눌 수 있는데 이와 같은 분류도 SP의 주요 타겟이 소비자와 유통업체라는 사실에 바탕을 둔 것이다.

CP와 TP를 자세히 살펴봄으로써 다양한 SP전술을 소개하고자 한다.

먼저 CP에는 쿠폰, 샘플링, 프라이스 팩(price packs), 프리미엄 패키지 등이 있다. 쿠폰이란 샘플링과 더불어 상품의 사용환기를 위한 수단이며 소비자에게 가격할인을 제공함과 동시에 브랜드충성도를 강화하는 역할을 한다. 샘플링은 상품을 배포해서 소비자가 실제로 사용해 보고, 그 상품의 특징이나 효과를 직접 느끼도록 하는 것이다. 프라이스 팩은 한정된 수량의 상품에만 특별한 할인판매를 하는 것이다. 프리미엄 패키지는 용기를 프리미엄으로 제공함으로써 상품의 질과는 상관없이 용기 자체가 이미지를 형성해 새로운 가치를 창출하는 것이다.

TP를 살펴보자. TP란 유통업체에 특전을 제공해 자사상품을 취급하도록 유도하는 활동과 SP프로그램 등을 제시해 판매 시 자사상품을 우선적으로 권유하도록 유도하는 일련의 활동이다. 다시 말해서 자사 브랜드에 대한 판매지원 활동을 더욱 활발히 전개할 수 있도록 하는 동기를 부여하는 것이다. 생활에서 쉽게 발견할 수 있는 TP의 형태는 조그만 슈퍼의 간판 혹은 냉장고를 생산업체가 유통업체에 기증하는 것이다. 이 외에도 구매수당, 제품수당, 무료 제품 제공, 협동광고, 판촉비 제공 등이 TP에 해당한다.

2. SP와 이벤트의 차이

앞서 SP를 코틀러와 켈러(2016)는 제품이나 서비스를 구매 및 사용하도록 장려하는 단기적인 인센티브로 정의한다고 소개한 바 있다. 그렇다면 특정 기업에서 이와 같은 인센티브를 마련하고 있다는 것을 특정 대상에게 어떻게 알려야 할까? 이럴 때, 기업이 활용할 수 있는 수단 중 하나가 이벤트이다. 이벤트는 특정한 목표 달성을 위해 치밀하게 사전 계획해 대상을 참여시켜 실행하는 사건 또는 행사를 총칭하는 말이다.

예를 들어 패스트푸드업체에서 소비자에게 가격할인을 제공하려 한다고 가정해 보자. 이때, 가격할인은 SP 중에서 쿠폰에 해당한다. 이런 쿠폰이 준비되어 있다는 것을 알리기 위해 젊은이들이 많이 모이는 공간에서 '햄버거 빨리 먹기 대회'를 개최할 수 있는데, 이 대회가 바로 이벤트에 해당한다. 즉, 이벤트를 활용해 기업이 중요한 특정 대상에게 현재 프로모션이 진행되고 있음을 알리는 것이다.

정리하자면 이벤트는 SP를 구체화하고 실행시키는 데 기여하는 수단이다.

이터를 기반으로 해야 한다. 수차례의 과거 경험으로 우리 브랜드나 조직이 무난하게 실행할 수 있는 프로그램을 설계하는 것이 중요한 것이 아니라 타겟의 통합적 프로파일을 기반으로 하는 프로그램을 설계하는 것이 중요하다. 타겟에 관한 데이터를 기반으로 프로그램을 설계할 때, 타겟들이 그 프로그램에 관심을 가질 수 있으며, 궁극적으로 그 프로그램에 참여하고자 하는 타겟의 수도 증가한다. 메시지가 타겟이 듣고 싶어 하는 내용이듯이 프로그램은 타겟이 참여하고 싶은, 관심을 가질 만한 것이어야 한다. 그러기 위해서는 타

● 표 3-11. 프로그램 기획을 위한 체크리스트 겸 기획안 구성요소

프로그램명	○○○○○○○○○○○○○○○○
기반 데이터	- 데이터 ○번: ○○○○○○○○○○○○○○○○○○○○ - 데이터 ○번: ○○○○○○○○○○○○○○○○○○○○ - 데이터 ○번: ○○○○○○○○○○○○○○○○○○○○ - 데이터 ○번: ○○○○○○○○○○○○○○○○○○○○ - 데이터 ○번: ○○○○○○○○○○○○○○○○○○○○
누가 (타겟)	- 타겟은 누구인가? - 그들은 우리와 우리 제품, 서비스, 브랜드, 조직에 관해 무엇을 알고 있고, 느끼고, 믿는가? - 그들의 경쟁자들에 관해 무엇을 알고, 느끼고, 믿는가? - 그들은 어떤 유형의 사람인가? - 그들을 어떻게 묘사하거나 확인할 수 있는가?
어떻게 (개요)	- 어떻게 하면 우리의 목표를 흥미를 끄는 형태로 구체화할 수 있을 것인가? - 우리의 창의적인 전술이나 플랫폼은 무엇인가? - 이 프로그램이 우리의 타겟에게 수용가능하고 적절할 것이라고 확신할 수 있는 증거는 무엇인가?
무엇을 (기대효과)	- 타겟에게서 환기시키고자 하는 반응은 무엇인가? - 프로그램의 구체적인 목표는 무엇인가? - 타겟이 우리 제품, 서비스, 브랜드를 구매하고, 사용하는 것에 관해 믿고, 느끼고, 이해하 고, 알게 하기 위해 우리는 무엇을 말하기를 원하는가? - 우리가 제안하는 것은 무엇인가?
어디에서 (장소)	- 프로그램에 대한 타겟의 인지, 태도, 행동을 극대화하기 위해 비용 대비 효율성이 가장 좋은 곳은 어디인가? - 타겟들의 참여를 가장 극대화할 수 있는 곳은 어디인가?
언제 (시기)	- 타겟의 참여를 가장 극대화할 수 있는 날짜는 언제인가? - 프로그램을 언제부터 타겟에게 알려야 하는가? - 우리 기업이 공급하는 또 다른 제품 및 서비스의 프로그램, 경쟁사들의 제품 및 서비스 프로그램, 계절 관련 트렌드, 시장에서 벌어지는 특별한 이벤트 등이 언제 실행되고, 우 리 프로그램에 간섭하지 않는가?
결과 (효과측정방안)	- 우리가 기대하는 결과는 무엇인가? - 어떻게 측정할 것인가? - 결과를 측정하려고 하는가? 만약 그렇다면 사전에 해야 할 것들이 있는가? - 프로그램의 상대적인 성공여부를 어떻게 판단할 수 있는가? - 우리는 그러한 활동들의 표준이 있는가?
얼마나 (예산)	- 의도한 활동들은 얼마나 많은 예산을 필요로 하는가? - 얼마나 많은 예산이 가용한가? - 어떻게 지출을 통제할 것인가?

자료: McDonald & Wilson (2011), p. 266을 변형.

겟 데이터를 기반으로 프로그램을 설계해야 한다.

프로그램을 제시할 때는 가급적 많은 정보를 담고 있어야 한다. 가장 훌륭한 프로그램 제시는 '돈과 사람만 투입되면, 더 이상의 기획회의 없이 곧바로 실행할 수 있는' 수준으로 디테일이 완벽한 것이다. 프로그램의 개요만 대략 제시하면 실제로 그 프로그램을 실행하기 위해서는 회의를 또 여러 번 거쳐야 한다. 가족과 함께 조리하는 모습을 인스타그램에 공유하도록 하자고 기획서에 쓰는 것만으로는 디테일이 부족하다. 그런 수준의 프로그램 제시는 필요 없다. 반드시 기억하자. 돈과 사람만 투입하면, 곧바로 실행할 수 있는 수준의 디테일로 프로그램을 제시해야 한다.

프로그램을 설계할 때, 반드시 확인해야 하는 체크리스트는 〈표 3-11〉과 같다. 체크리스트의 내용은 프로그램 기획안의 구성요소로도 활용된다.

기획서의 프로그램 부문을 실제로 작성할 때는 〈표 3-11〉의 구성요소를 반드시 반영하되, 각 요소의 순서는 실무자가 속한 조직의 관행을 따르는 것도 무방하다. 또 이 구성요소를 포함해야 한다는 것이지 반드시 이렇게 표 위주의 텍스트로 프로그램을 제시하라는 것은 아니다. 문서프로그램으로 파워포인트를 쓸 경우, 기획서의 독자가 좀 더 쉽게 이해할 수 있도록 가급적 많은 그림을 활용하는 것이 바람직하다. 특히 '어떻게(개요)'와 '어디에서(장소)'는 다양한 그림을 활용해 프로그램의 전체 프로세스를 쉽게 이해할 수 있도록 신경 써야 한다. '무엇을(기대효과)'을 작성할 때는 '목표 설정'에서 제시했던 목표들을 참조할 필요가 있다.

다음은 〈표 3-11〉을 활용해 작성한 기획안으로 글로벌 가전업체의 브랜드 아이덴티티 구축을 위한 프로그램 중, 언론을 대상으로 진행한 미디어데이(media day)의 기획안이다. 참고로 2016년 11월부터 시행하고 있는 '부정청탁 및 금품등 수수의 금지에 관한 법률(김영란법)' 이전에 기획하고 실행한 행사이다.

Action Plan for ○○th Media Day

■ Program Objectives

▸ ○○기업의 '○○○○ ○○○○' 캠페인 소개를 통해 환경 보전 활동 및 기업의 그린 철학을 알리고 친환경 리딩 그룹으로 포지셔닝

▸ ○○○○, ○○○○, ○○○○ 등 그린레인지 제품군 소개, 생산부터 폐기까지 친환경을 실천한다는 점을 어필하며 기업에 대한 신뢰 강화

▸ 주요 매체와의 관계 강화를 통해 미디어 커버리지 극대화

▸ ○○기업 주요 제품군(청소기, 소형가전, 세탁기, 주방가전 등) 소개

■ Program Overview

▸ Title: '○○○○ ○○○○'

▸ Target Media:
   ✓ Mgzn(월간지): 리빙/하우스, 여성/주부, 라이프스타일, 멤버십, 웨딩, 패션 매거진 + 일간지 매거진 섹션 담당기자 일부
   * 행사 당일 ○○기업 ○○○○년도 총판매량 및 성장비율 등의 수치적 팩트를 기반으로 회사 성과 분석 및 ○○○○년도 플랜을 발표하는 기자 간담회 형식으로 진행할 경우 일간지 산업부 담당기자 포함 가능하나 월간지 기자들보다 참여도는 낮을 가능성이 있음. 사진부 대상 포토세션을 통해 커버리지 극대화가 효과적(별첨자료 참조)

▸ Target Participants: 30~40개 매체(기자 60인 내외)

	Category	Media
Type One	리빙	○○○○, ○○○○, ○○○○, ○○○○
	여성/주부	○○○○, ○○○○, ○○○○, ○○○○, ○○○○, ○○○○
	멤버십	○○○○, ○○○○, ○○○○, ○○○○, ○○○○, ○○○○, ○○○○, ○○○○, ○○○○, ○○○○, ○○○○, ○○○○
	웨딩	○○○○, ○○○○, ○○○○, ○○○○
	육아	○○○○, ○○○○, ○○○○, ○○○○
	일간지 리빙 섹션	○○신문, ○○일보, ○○신문, ○○일보
Type Two	요리	○○○○, ○○○○
	패션	○○○○, ○○○○, ○○○○, ○○○○, ○○○○, ○○○○, ○○○○, ○○○○, ○○○○, ○○○○, ○○○○, ○○○○, ○○○○, ○○○○, ○○○○, ○○○○, ○○○○, ○○○○
	라이프스타일	
	남성	○○○○, ○○○○, ○○○○, ○○○○

▸ Venue: ○○○○센터 지하1층 ○○○○ 컨벤션 홀

▸ Date: ○○○○년 4월 26일(수요일)

▸ Overall Agenda & Timeline

Time	Action
07:30~09:00	현장회의, 리허설 및 전체 점검
09:00~10:20	미디어데이 준비
10:00~10:50	John Smith(아시아 태평양 지역 대표) 인터뷰 진행 (일간지 단독: ○○세상, ○○○ 기자)
10:30~11:00	Reception & Welcoming
11:00~12:40	미디어 데이: 월간지 대상(60명 내외)
12:30~13:30	John Smith(아시아 태평양 지역 대표) 인터뷰 진행 (월간지 단독: ○○, ○○○○ ○○○ 기자)
13:30~15:30	정리 및 마무리

▸ Meal: ○○푸드(푸드스타일링 및 파티케이터링 전문기업)

  ✓ 단가 2만 원, 그린 메뉴(애피타이저: 수프&샐러드, 메인디쉬, 디저트, 음료 구성)

  ✓ 별첨자료 참조

▸ Giveaway: 에코백

▸ Theme: ○○○○ ○○○○

  ✓ 글로벌 가전기업 ○○기업은 전 세계적으로 환경을 위한 기업적·사회적 활동을 다양한 각도로 전개하고 있는 기업으로 작년 초부터 글로벌 환경 캠페인 '○○○○ ○○○○'를 전 세계적으로 진행하며 플라스틱으로 오염된 바다를 정화하기 위해 노력하고 있다. 올해 재활용 플라스틱 소재로 만든 청소기 3종 ○○○○, ○○○○, ○○○○ 등 친환경 청소기 3종을 출시하며 본격적인 '○○○○ ○○○○ in Korea 캠페인'을 진행할 예정이다.

▸ Key Message:

  ✓ 글로벌 가전기업, ○○기업의 ○○○○ ○○○○ 환경 캠페인 소개

  ✓ ○○기업, 친환경제품군 강화, 프리미엄 친환경 청소기 3종 출시

  ✓ 한국 내 친환경활동 내역

     ∨ ○○기업, ○○○○년도 성과 및 ○○○○년 계획(제품 출시, 비즈니스 등)

  ‣ Stage
    ∨ Stage1 〈Presentation Zone〉
      - 샌드애니메이션 포함 특별 영상물 시연, 프레젠테이션
      - 질의응답을 위한 마이크 준비(4세트), 하객용 의자 60개 및 6인용 원형 테이블 10개, 통
        역사 대기(순차통역)
      - '○○○○ ○○○○' 캠페인 관련 3작품 전시
      - 점심 뷔페
    ∨ Stage2 〈Green Zone〉
      - ○○기업 친환경 청소기 3종(○○○○, ○○○○, ○○○○) 전시 및 체험

■ Program Stage

  ‣ Reception
    1) Invitation: '○○○○ ○○○○' 캠페인의 주요 이미지를 활용한 초청장 발송

    2) Reception desk: Welcoming board로 재활용 방명록 사용 & 명함 볼
    3) 입구 앞에 현수막 배너 설치해 ○○기업 행사임을 설명

▸ Stage 1

  1) ○○기업 글로벌본사 소개 및 그린 비전 by John Smith(아시아 태평양 지역 대표)

    (1) 영상물 시연(3면 바다웨이브 + '○○○○ ○○○○' 캠페인 실행 세계지도 및 로고 +

      '○○○○ ○○○○' 캠페인 full version video + CNN)

    (2) '○○○○ ○○○○' 캠페인 소개

    (3) 친환경 청소기 3종 Unveiling

  2) ○○기업 국내 비즈니스 및 국내 친환경활동 by 홍길동 대표

    (1) ○○기업 그린비전 및 캠페인 소개

    (2) '○○○○ ○○○○ in Korea 캠페인' 베스트 성과 소개

  3) ○○기업 친환경제품군 소개 by 김영희 부장

    (1) Switch up to green – 친환경제품 특징 및 에너지 절감 효과

  4) 영상 시연(샌드애니메이션)

     * 샌드애니메이션 영상

     – 유리로 만든 테이블 위에 모래를 사용해 이미지들을 그려내는 동안 그 과정과 이미지들을 카메라에 담아내 영상화하는 작품

     – 플라스틱으로 더럽혀지는 바다, 환경오염 그리고 플라스틱이 재활용되는 과정을 담아 '○○○○ ○○○○' 캠페인에 대한 이해를 돕고 주목도를 높임

▸ Stage 2 Green Zone

  1) ○○기업 친환경 청소기 3종(○○○○, ○○○○, ○○○○) 전시 및 체험

  2) 점심식사(뷔페) 음식 배치

■ Media day (Program Agenda for Magazine)

Time	Action	R&R	Remarks
10:30~10:45	Reception	Receptionist - ㅇㅇPR, ㅇㅇ기업	
10:45~11:00	Welcoming(Reception)	ㅇㅇPR	MC: ㅇㅇPR 대표 통역: 김영희 부장 PT Assi.: 김철수 차장
11:05~11:15	Presentation I. ㅇㅇ기업 글로벌본사의 'ㅇㅇㅇㅇ ㅇㅇㅇㅇ' 캠페인 소개	John Smith 대표	
11:15~11:25	Presentation II. ㅇㅇ기업의 'ㅇㅇㅇㅇ ㅇㅇㅇㅇ in Korea' 캠페인, 친환경활동, 비즈니스 소개	홍길동 대표	
11:25~11:30	Presentation III. ㅇㅇ기업 친환경제품군 소개	김영희 부장	
11:30~11:35	샌드애니메이션 영상 'ㅇㅇㅇㅇ ㅇㅇㅇㅇ' 캠페인	ㅇㅇPR, ㅇㅇ기업	
11:35~11:50	그린 제품 전시 및 체험 신제품 소개 및 체험	ㅇㅇPR, ㅇㅇ기업	설명담당자 배치
11:50~12:30	Catering Time	All	
	Lucky draw	John Smith 대표	통역: 김영희 부장
12:30~12:40	Giveaway and closing	ㅇㅇPR	

■ Program Material

▸ Strategically develop press materials for journalists to 1) increase media understanding, 2) be aware of ㅇㅇ기입 environmental activities 3) maintain media attention

▸ Press Materials include:
  ν Product brochures(Press kit 포함)

✓ Presentation material

    – ○○기업 친환경활동 내역

    – ○○기업 친환경 청소기 3종(○○○○, ○○○○, ○○○○) introduction

    – Press Release(Event sketch 형태로 작성, 소개 자료 및 친환경활동 내역 첨부)

      • John Smith 대표 Bio

      • ○○기업 소개 자료(글로벌본사 및 한국법인 소개)

■ Timeline

Program	Details	Timing	Remarks	Ownership
Pre-Event	Venue confirmation	~3.2	Done	○○PR, ○○기업, ○○○○센터
	Venue negotiation	~3.4	Done	○○PR, ○○기업, ○○○○센터
	Event agency brief meeting	Done	Done	○○PR, ○○이벤트
	Catering proposal	~2.28	Done	○○PR
	Products list to display	TBD	Done	○○기업
	Sand Animation artist meeting	3.17	Done	○○PR
	Sand Animation artist inviting	3.18	Done	○○PR
	Invitation 1st text & design draft	~3.3	Done	○○PR, ○○기업
	Catering confirmation	~2.25	Done	○○기업
	Catering recipe confirmation	~3.17	Done	○○PR, ○○기업
	Gift list proposal	~2.7	Done	○○PR, ○○기업
	Gift Sampling confirmation	~4.07	Done	○○PR, ○○기업
	Gift set ordering	~4.15	Done	○○PR
	Invitation list up	~2.28	Done	○○PR
	Invitation Production & printing	~4.8	Done	○○PR, ○○인쇄
	Press kit draft	~2.28	Done	○○PR, ○○기업(done)
	John Smith Interview 1st arrange (NPP, MGZ)	3.25	Done	○○PR
	John Smith Interview 2nd arrange (NPP, MGZ)	4.4	Done	○○PR
	John Smith Interview fix	4.18	TBD	○○PR
	Interview Q&A	4.21	TBD	○○PR
	Photographer inviting	~3.8	Done	○○PR
	Invitation delivery(online)	~4.4	Done	○○PR

	Invitation delivery(off-line)	~4.11	Done	○○PR
	1st RSVP	4.4	Done	○○PR
	Event decoration draft final	4.20	TBD	○○PR, ○○이벤트
	Artist's works receiving	4.19	Done	○○PR
	Press kit finalizing	4.12	Done	○○PR, ○○기업
	2nd RSVP	4.18	Done	○○PR
	Briefing book finalizing	~4.22	TBD	○○PR, ○○기업
	Q-sheet	~4.25	TBD	○○PR, ○○기업
	Gift packing	~4.15	Done	○○PR
	Press kit printing	~4.20	Done	○○PR, ○○인쇄
	3rd RSVP	4.22	TBD	○○PR
	Display & decoration setting	4.25~26	TBD	○○이벤트
	Rehearsal	4.26	TBD	○○PR, ○○기업
보도자료 Release	Release for additional NPP	4.26 PM 12:00~1:00		사전 준비/ ○○PR 내부인력 송부
	Mgzn Release	5.10	월간지 6월호	○○PR
Event wrap-up	Event wrap-up report	5.2		○○PR

- **Program Output Measurement Plan**
  - ▸ A number of media participants
  - ▸ Total impressions and individual impression by NPP or Mgzn
  - ▸ Total AVE(advertising value equivalence) and individual AVE – available on request
  - ▸ Quantified content analysis with the SPSS package – available on a new contract

이 기획안에는 〈표 3-11〉의 구성요소 중 기반 데이터, 얼마나(예산) 등의 요소가 누락되어 있다. 우선 기반 데이터가 적시되어 있지는 않지만 타겟 미디어 리스트 자체가 2부에서 학습한 내용분석을 기반으로 작성된 것이다. 이 글로벌 가전업체에 관한 언론의 모든 기사를 분석해 미디어 리스트를 작성했다. 기사가 이 기업을 얼마나 긍정적으로 묘사하는지의 여부(기사 우호도), 기사에서 이 기업이 얼마나 신뢰할 만한 기업으로 묘사되고 있는지의 여부(기사 신뢰도), 기사 건수, 발행부수 등을 분석해 Type One 미디어와 Type Two 미디어로 구분했다. '얼마나(예산)' 요소도 이 책에는 구체적으로 제시하지는 않았지만 '부정청탁 및 금품등 수수의 금지에 관한 법률(김영란법)' 이전에 실행된 행사임에도 현재의 법적 기준도 충족시키는 범위 안에서 기획하고 집행했다.

강조컨대 가장 좋은 프로그램 기획안은 '더 이상의 회의를 필요로 하지 않는, 그래서 돈과 사람만 투입하면 바로 실행할 수 있는' 기획안이다. 예시로 제시한 기획안도 이 기준을 완벽히 충족하지는 못하지만 이 책을 읽는 PR실무자나 PR전공 학생은 이 예시보다도 더 구체적인 기획안을 만들 수 있도록 고민해야 한다.

7장 평가방안 설계

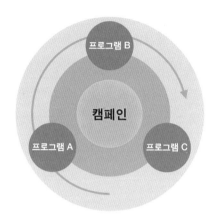

● 그림 3-26. 캠페인의 하위요소로서의 프로그램

    데이터 기반 PR기획의 일곱 번째 과정은 PR활동의 결과 평가이다. 우선 PR 의 평가를 명확히 이해하기 위해서는 캠페인과 프로그램의 관계를 알아야 한 다. 캠페인이란 특정한 목표를 달성하기 위해 다양한 프로그램(전술)을 통합 적으로 실행하는 활동을 의미하며 프로그램은 캠페인의 구성요소로서 캠페 인의 세부 실행 장치로 이해하면 된다. 따라서 캠페인은 여러 프로그램으로 구성된다. 예를 들어 잦은 안전사고로 기업이미지의 훼손이라는 문제에 봉착 한 기업이 있다면 이 문제를 해결하기 위한 캠페인을 기획할 것이다. 'ㅇㅇ기 업의 기업이미지 관리 프로젝트'라는 이름의 캠페인은 CEO의 기자회견, 기자 들의 기업탐방, 페이스북의 페이시 개설 등의 프로그램으로 구성된다. 〈그림 3-26〉은 캠페인과 프로그램의 관계를 설명한다.

    PR활동이 크게 캠페인과 프로그램으로 나누어지듯이 PR활동의 결과도 아 웃컴(outcome)과 아웃풋(output)으로 나누어진다. 아웃컴이란 캠페인의 결과처럼 장기적이고 거시적인 PR활동의 결과를 의미하고 아웃풋이란 개별 PR 프로그램의 결과를 의미한다. 앞서 든 예를 빌려 설명하자면 'OO기업의 기업이미지 관리 프로젝트' 캠페인의 결과는 아웃컴에 해당한다. 또 기자회견, 기업탐방, 페이스북 페이지 개설의 개별적 결과는 아웃풋에 해당한다.

아웃컴의 측정은 '목표 설정'에서 설명한 것처럼 명확하고 측정가능한 목표만 수립했다면 어렵지 않다. 이른바 '목표기반평가'를 하면 된다. 평가는 결국 애초에 달성하려고 했던 것이 실제로 달성되었는지를 확인하는 작업이다. 대부분의 PR전문가들은 PR활동의 목표와 PR활동의 결과를 비교하는 것 외에는 별다른 PR활동 평가방법이 없다는 데 입을 모은다(최준혁, 2008; 와슨과 노블, 2005). 앞서 PR목표는 인지도 목표, 태도 형성 목표, 행동 변화 목표 등의 위계가 있어야 한다고 설명했다. 따라서 아웃컴도 인지도 측정, 태도 측정, 행동 변화(혹은 행동의도) 측정 등으로 나누어 측정할 수 있다. 아웃컴은 대개 타겟을 대상으로 하는 서베이를 실시해 측정할 수 있으며, 특히 행동의 측정은 서베이로도 가능하지만 시장점유율을 확인함으로써도 가능하다.

예를 들어 PR목표 중 인지도 목표를 '6개월 이내, 가정에서 화재 발생 시 연기 탐지기가 사망 및 부상을 절반으로 줄일 수 있다는 사실을 알고 있는 전국 주택소유자의 수를 20% 이상 향상'으로 설정했다면, 전국 주택소유자를 대상으로 서베이를 실시함으로써 인지도 목표의 달성 여부를 확인할 수 있다.

아웃풋의 측정은 프로그램의 고유한 평가방법이 존재한다면 그 방법을 활용하면 된다. 활용한 프로그램의 고유한 평가방법이 없다면 PR실무자가 새로운 평가방법을 개발해야 한다. 소셜미디어를 활용하는 프로그램을 예로 들어보자. 페이스북의 경우에는 '좋아요'의 수와 댓글의 수로 페이스북 활동을 평가할 수 있으며, 트위터의 경우에는 팔로우의 수와 리트윗의 수로 트위터 활동을 평가할 수 있다. 그러나 새로운 형태의 프로그램을 PR실무자가 개발해 실행했다면 그 프로그램의 결과를 측정할 수 있는 방법까지 함께 제시해야 한

● 표 3-12. PR효과 측정의 주요 원칙

	아웃컴(장기적 효과)	아웃풋(단기적 효과)
평가(측정)의 공통원칙	- 설정한 목표를 기반으로 하는 평가(EBO) - 활용한 프로그램 및 미디어의 특성을 기반으로 하는 평가 - 활용한 프로그램의 예상되는 결과를 기반으로 하는 평가	
평가(측정) 기준	'SMART형 PR목표'에서 설정한 목표 달성 여부	개별 프로그램의 목표 달성 여부

평가(측정) 방법	서베이, 언론보도 분석, 포커스그룹인터뷰 등	- 활용한 미디어의 고유 평가방법 존재
		  시 기존 방법 활용
		- 활용한 미디어의 고유 평가방법 부재
		  시 신규 평가방법 개발 및 적용

다. 〈표 3-12〉는 PR효과 측정의 주요 원칙을 요약한다.

PR기획서를 작성하는 시점에서는 결과가 있을 수 없으므로 실제의 아웃컴과 아웃풋을 제시할 수는 없고 아웃컴과 아웃풋을 측정할 수 있는 방법을 쓰면 된다. 2부에서 서베이, 내용분석, 포커스그룹인터뷰 등의 연구설계 샘플을 제시했다. 〈표 3-13〉은 서베이의 연구설계 샘플인데 PR기획의 일곱 번째 단계인 평가방안 설계에는 연구설계를 제시하면 된다.

아웃풋의 측정 시, 활용한 미디어의 고유 평가방법이 존재하는 경우, 기존 방법을 활용하면 된다. 최근의 PR은 소셜미디어, 포털사이트 등을 자주 활용

● 표 3-13. 서베이 연구설계 샘플

모집단	전국 만 13세 이상 64세 이하 남녀
조사방법	종이 설문지를 활용한 1:1 개별면접조사
표본크기	5,000명
표본오차	95% 신뢰수준에서 ±1.4%
표집방법	인구 센서스에 기초한 할당 추출
실사기간	2019년 12월 1일 ~ 12월 20일

● 표 3-14. 인터넷과 소셜미디어를 활용한 광고 및 콘텐츠의 효과측정방법

지표	정의	계산방법
클릭당 비용	제공하는 인터넷광고(검색링크, 배너광고 등)의 클릭당 비용	전체 인터넷광고비 ÷ 인터넷광고 클릭 수
클릭률	노출된 인터넷광고가 클릭되는 비율	인터넷광고 클릭 수 ÷ 임프레션(노출 수)
거래전환율 (구매전환율)	클릭한 후 실제로 구매한 고객의 비율	(구매요청 클릭 수 ÷ 인터넷광고 클릭 수) × 100
광고수익률	인터넷광고비 대비 순수입의 비율	(총수입 − 인터넷광고비 비용) ÷ 인터넷광고비 비용
사이트 이탈률	사이트를 방문한 모든 고객 중 접속 후 5초 내에 사이트를 이탈한 사람들의 비율	총방문자 수 ÷ 5초 내 사이트 이탈자 수
입소문	인터넷상에서 지인들에게 추천하는 입소문을 측정하는 지표	(직접 클릭 수* + 추천에 의한 클릭 수**) ÷ 직접 클릭 수

* 다른 사람의 의견과 상관없이 사용자가 사이트에 직접 클릭한 수
** 지인의 추천(공유)으로 사이트에 접속한 수
자료: Jeffery (2010), pp. 233 ~ 271을 요약.

하는데 이런 미디어들을 활용한 프로그램의 아웃풋을 측정할 수 있는 방법을 제프리(2010)가 제시한다. 그는 〈마케팅 평가 바이블(*Data-driven Marketing*)〉이라는 저서에서 온라인마케팅, 인터넷마케팅 등의 평가에 유용한 평가지표 6개, 즉 클릭당 비용(CPC: cost per click), 클릭률(CTR: click through ratio), 거래전환율(TCR: transaction conversion rate), 광고수익률(ROA: return on advertising spent), 사이트 이탈률(BR: bounce rate), 입소문(WOM: word-of-mouth) 등을 제시한다.

기획서의 여섯 번째 과정은 프로그램을 제시하는 것이다. 〈표 3-15〉는 프로그램 기획을 위한 체크리스트 겸 기획안 구성요소를 설명하는데, '결과(효과측정방안)'도 그중 하나이다. 따라서 아웃풋 측정방법은 기획서 전체에서 두 번 제시되어야 하는데 개별 프로그램을 설명하면서 처음 제시하고, 또 일

프로그램명	OOOOOOOOOOOOOOOO
기반 데이터	- 데이터 ○번: ○○○○○○○○○○○○○○○○○○○ - 데이터 ○번: ○○○○○○○○○○○○○○○○○○○ - 데이터 ○번: ○○○○○○○○○○○○○○○○○○○ - 데이터 ○번: ○○○○○○○○○○○○○○○○○○○ - 데이터 ○번: ○○○○○○○○○○○○○○○○○○○
누가 (타겟)	- 타겟은 누구인가? - 그들은 우리와 우리 제품, 서비스, 브랜드, 조직에 관해 무엇을 알고 있고, 느끼고, 믿는가? - 그들의 경쟁자들에 관해 무엇을 알고, 느끼고, 믿는가? - 그들은 어떤 유형의 사람인가? - 그들을 어떻게 묘사하거나 확인할 수 있는가?
어떻게 (개요)	- 어떻게 하면 우리의 목표를 흥미를 끄는 형태로 구체화할 수 있을 것인가? - 우리의 창의적인 전술이나 플랫폼은 무엇인가? - 이 프로그램이 우리의 타겟에게 수용가능하고 적절할 것이라고 확신할 수 있는 증거는 무엇인가?
무엇을 (기대효과)	- 타겟에게서 환기시키고자 하는 반응은 무엇인가? - 프로그램의 구체적인 목표는 무엇인가? - 타겟이 우리 제품, 서비스, 브랜드를 구매하고, 사용하는 것에 관해 믿고, 느끼고, 이해하고, 알게 하기 위해 우리는 무엇을 말하기를 원하는가? - 우리가 제안하는 것은 무엇인가?
어디에서 (장소)	- 프로그램에 대한 타겟의 인지, 태도, 행동을 극대화하기 위해 비용 대비 효율성이 가장 좋은 곳은 어디인가? - 타겟들의 참여를 가장 극대화할 수 있는 곳은 어디인가?
언제 (시기)	- 타겟의 참여를 가장 극대화할 수 있는 날짜는 언제인가? - 프로그램을 언제부터 타겟에게 알려야 하는가? - 우리 기업이 공급하는 또 다른 제품 및 서비스의 프로그램, 경쟁사들의 제품 및 서비스 프로그램, 계절 관련 트렌드, 시장에서 벌어지는 특별한 이벤트 등이 언제 실행되고, 우리 프로그램에 간섭하지 않는가?
결과 (효과측정방안)	- 우리가 기대하는 결과는 무엇인가? - 어떻게 측정할 것인가? - 결과를 측정하려고 하는가? 만약 그렇다면 사전에 해야 할 것들이 있는가? - 프로그램의 상대적인 성공여부를 어떻게 판단할 수 있는가? - 우리는 그러한 활동들의 표준이 있는가?
얼마나 (예산)	- 의도한 활동들은 얼마나 많은 예산을 필요로 하는가? - 얼마나 많은 예산이 가용한가? - 어떻게 지출을 통제할 것인가?

자료: McDonald & Wilson (2011), p. 266을 변형.

곱 번째 과정인 평가방안 설계에서 모든 프로그램의 아웃풋 측정방법을 한꺼번에 제시해야 한다.

'4장 목표 설정'에서 필자는 "과학의 탐구 대상 혹은 현상은 관찰가능해야 한다. 관찰할 수 없는 대상을 다루는 분야는 과학이 아니라 신학이다"고 역설했다. 이 말을 다시 한번 인용한다. PR의 결과를 합리적으로 관찰할 수 있는 방안을 제시할 수 있을 때, PR은 비로소 과학이 된다.

8장 예산 및 일정 제시

1. 예산

● 표 3-16. 예산 제시의 예

프로그램	프로그램 비용[*]	인건비	전체 비용
#1	$ 21,000		$ 21,000
#2		$ 4,000	$ 4,000
#3	$ 10,000	$ 1,000	$ 11,000
	총프로그램 비용	총인건비	총캠페인 비용
캠페인 X	$ 31,000	$ 5,000	$ 36,000
캠페인 X		목표: ○○○○○○○○○○○○○	
프로그램 #1		'프로그램 #1'에 관한 간략한 설명	
프로그램 #2		'프로그램 #2'에 관한 간략한 설명	
프로그램 #3		'프로그램 #3'에 관한 간략한 설명	

[*] 프로그램 비용은 컨설팅 및 하청 비용, 인쇄물 등의 제작비, 설비 이용료, 장소 대여료, 사무실 이용료, 기타비 등을 포함한다.
자료: McElreath(1996)를 수정.

　캠페인을 기획할 경우, 개별적 프로그램의 예산은 프로그램 부문에서 명기해야 하지만 캠페인에 활용된 모든 프로그램의 간략한 내용과 예산을 한꺼번에 표시함으로써 이 PR기획을 실제로 진행하기 위해서는 어느 정도의 예산이 필요한지를 한눈에 알 수 있게 할 필요가 있다. 맥엘쓰(McElreath, 1996)는 캠페인과 프로그램의 비용을 효과적으로 제시할 수 있는 표를 제안하는데, 〈표 3-16〉은 예산 제시의 예이다.

2. 일정

● 표 3-17. 일정 제시의 예

프로그램	내용	1월	2월	3월	4월	5월	6월	7월	8월
프로그램 #1	'프로그램 #1'에 관한 간략한 설명	●	●	●	●	●	●	●	●
프로그램 #2	'프로그램 #2'에 관한 간략한 설명			●					
프로그램 #3	'프로그램 #3'에 관한 간략한 설명					●			●
캠페인 X	목표: ○○○○○○○○○								

일정을 제시하는 것으로 PR기획은 마무리된다. 예산과 마찬가지로 캠페인을 기획할 경우, 개별적 프로그램의 일정은 프로그램 부문에서 명기해야 하지만, 캠페인에 활용된 모든 프로그램의 전체적인 일정을 한꺼번에 제시해 캠페인의 전반적 진행과정을 한눈에 알 수 있게 할 필요가 있다. 〈표 3-17〉은 일정 제시의 예이다.

참고문헌

매니페스토 (2019, 4, 7). URL: http://www.doopedia.co.kr/

박종민 (2015). 정책PR 공중분석. 최준혁 외 (편), 〈정책 PR론〉 (92-102쪽). 서울: 커뮤니케이션북스.

보건복지부 (2013). 〈'저출산·고령화 인식개선 홍보' 제안요청서〉. URL: http://www.g2b.go.kr/

안광호·하영원·유시진·박흥수 (2018). 〈마케팅원론〉 (7판). 서울: 학현사.

여성부 (2008). 〈여성친화 기업문화 확산을 위한 홍보〉. URL: http://www.g2b.go.kr/

여성부 (2009). 〈건전한 성문화 조성 홍보〉. URL: http://www.g2b.go.kr/

오리온 초코파이 홈페이지. (n. d.). URL: http://www.chocopie.co.kr/

차동필 (2002). Grunig과 Hallahan의 공중 분류 모델 비교 연구. 〈홍보학 연구〉, 6권 2호, 96-127.

최준혁 (2008). 〈실행이 탄탄해지는 PR기획〉. 서울: 청년정신.

최준혁 (2010). 〈기업의 PR활동이 공중관계성, 브랜드자산, 반기업정서에 미치는 영향: 기업의 사회적 책임
    활동, 마케팅PR, 쟁점관리의 효과 비교〉. 서울대학교 대학원 박사학위 논문.

현대자동차 홈페이지. (n. d.). URL: https://www.hyundai.com/kr/ko/

Amazon 홈페이지. (n. d.). Retrieved from https://www.amazon.com/

Babbie, E. (2013). *The practice of social research* (13th ed.). 고성호 외 역 (2014). 〈사회조사방법론〉.
    서울: Cengage Learning.

BMW USA 홈페이지. (n. d.). Retrieved from http://www.bmwusa.com/

Broom, G. M., & Sha, B. (2013). *Cutlip and center's effective public relations* (11th ed.). Upper Saddle
    River, NJ: Prentice-Hall.

Classy Cars 홈페이지. (n. d.). Retrieved from http://www.classycars.org/

Dealer Coupons 홈페이지. (n. d.). Retrieved from http://www.dealercoupons.ca/

Deals We Like 홈페이지. (n. d.). Retrieved from https://dealswelike.boardingarea.com/

Fishbein, M., & Ajzen, I. (1975). *Beliefs, attitudes, intention, and behavior: An introduction to theory and
    research*. Reading, MA: Addison-Wesley.

Fleisher, C. S., & Bensoussan, B. E. (2002). *Strategic and competitive analysis: Methods and techniques
    for analyzing business competition*. 강영철 외 역 (2003). 〈전략·경쟁 분석: 비즈니스 경쟁분석을 위한
    방법론 및 테크닉〉. 서울: 3mecca.

Grunig, J. E., & Hunt, T. (1984). *Managing public relations*. New York: Harcourt Brace Jovanovich College.

Hallahan, K. (2000). Inactive publics: The forgotten publics in public relations. *Public Relations Review,
    26*(4), 499-515.

Hallahan, K. (2001). The dynamics of issues activation and response: An issues processes model. *Journal
    of Public Relations Research, 13*(1), 27-59.

Heath, C., & Heath, D. (2007). *Made to stick: Why some ideas survive and others die*. 안진환 외 역 (2007). 〈스틱: 뇌리에 착 달라붙는 메시지의 힘〉. 서울: 웅진윙스.

Hendrix, J. A., & Hayes, D. C. (2006). *Public relations cases* (7th ed.). Belmont, CA: Wadsworth.

Jeffery, M. (2010). *Data-driven marketing: The 15 metrics everyone in marketing should know*. 김성아 역 (2015). 〈마케팅 평가 바이블〉. 서울: 전략시티.

Keller, K. L. (2013). *Strategic brand management: Building, measuring, and managing brand equity*. 김준석 역 (2015). 〈전략적 브랜드 관리〉. 서울: 시그마프레스.

Kotler, P., & Armstrong, G. (2014). *Principles of marketing* (15th ed.). 안광호 외 역 (2015). 〈Kotler의 마케팅 원리〉. 서울: 시그마프레스.

Kotler, P., & Keller, K. L. (2016). *Marketing management* (15th ed.). Boston, MA: Pearson.

Ladyman, J. (2001). *Understanding philosophy of science*. London: Routledge.

Lerbinger, O. (2005). *Corporate public affairs: Interacting with interest groups, media, and government*. Mahwah, NJ: Erlbaum.

Loudon, D. L., & Bitta, A. J. D. (1993). *Consumer behavior: Concepts and applications* (4th ed.). New York: McGraw-Hill.

McDonald, M., & Wilson, H. (2011). *Marketing plans: How to prepare them, how to use them* (7th ed.). 박진영 역 (2016). 〈마케팅 플랜〉. 서울: 유비온.

McElreath, M. P. (1996). *Managing systematic and ethical public relations campaigns*. New York: McGraw-Hill.

Nielsen (2015). Nielsen PRIZM Premier lifestage groups. Retrieved from https://www.nielsen.com/

Rolls-Royce 홈페이지. *(n. d.)*. Retrieved from https://www.rolls-roycemotorcars.com/

Schoell, W. F., & Guiltinan, J. P. (1988). *Marketing: Contemporary concepts and practices*. Boston, MA: Allyn and Bacon.

Southwest Airlines 홈페이지. *(n. d.)*. Retrieved from https://www.southwest.com/

Urban, G. L., & Star, S. H. (1999). *Advanced marketing strategy: Phenomenon·analysis·decisions*. Upper Saddle River, NJ: Prentice-Hall.

Watson, T., & Noble, P. (2005). *Evaluating public relations*. 최준혁 외 역 (2005). 〈PR의 평가〉. 서울: 커뮤니케이션북스.

| 지은이 |

최준혁

현재 순천향대학교 미디어커뮤니케이션학과 교수이다. 연세대학교 사회학과를 졸업하고,
보스턴대학교(Boston University)와 서울대학교에서 PR(public relations)로 석사학위와 박
사학위를 각각 취득했다. 1998년부터 2013년까지 민간기업과 공공기관에 PR컨설팅을 제공
했다. 저서로 〈한국의 PR 연구 20년〉(공저, 2016), 〈반기업 정서와 커뮤니케이션〉(공저,
2015), 〈정책 PR론〉(공저, 2015), 〈PR학 원론〉(공저, 2014, 한국PR학회 제2회 저술상 수상
작), 〈실행이 탄탄해지는 PR기획〉(2008) 등이 있으며, 정책 홍보혁신포럼과 〈이젠 정책e 홍
보다〉(2005, 2005년 한국PR대상 PR 연구개발 부문 우수상)를 공동으로 개발했다. 역서로는
〈스테이크홀더〉(공역, 2008), 〈여론의 법정에서〉(공역, 2006), 〈미디어 트레이닝〉(공역,
2005), 〈PR의 평가〉(공역, 2005, 2006년 대한민국학술원 우수학술도서) 등이 있다. 이 외에
도 기업의 사회적 책임, 반기업정서, 브랜드관리에 관한 다수의 논문을 썼다.

PR에 관심 있으며, PR 관련 직업을 희망하는 젊은 세대들에게 PR에 관한 강의를 무료로 제
공하는 프로 보노(pro bono) 서비스를 제공하기 위해 2011년 10월에 국내 최초의 PR 팟캐
스트 "최준혁의 PR토크"를 개설해 현재도 진행 중이다. 또, 여러 공공기관의 자문위원을 맡
아 지식과 경험을 사회에 환원하기 위해 애쓰고 있다. 2013년부터는 한국광고홍보학회, 한
국PR학회, 한국광고PR실학회, 한국OOH광고학회, 한국광고학회 등의 총무이사, 편집이사,
연구이사, 기획이사, 홍보이사 등을 맡아 PR 및 광고 관련 학문공동체의 지속가능성 창출에
조그맣게나마 기여하고 있다.

한울아카데미 2159
KADPR 지식총서 4

데이터 기반 PR기획

ⓒ 최준혁, 2019

지은이 ׀ 최준혁
펴낸이 ׀ 김종수
펴낸곳 ׀ 한울엠플러스(주)
편집책임 ׀ 최진희
편집 ׀ 박준혁

초판 1쇄 인쇄 ׀ 2019년 4월 30일
초판 1쇄 발행 ׀ 2019년 5월 13일

주소 ׀ 10881 경기도 파주시 광인사길 153 한울시소빌딩 3층
전화 ׀ 031-955-0655
팩스 ׀ 031-955-0656
홈페이지 ׀ www.hanulmplus.kr
등록 ׀ 제406-2015-000143호

Printed in Korea.
ISBN 978-89-460-7159-9 93320

* 책값은 겉표지에 표시되어 있습니다.